FEMMES D'EXCEPTION

L'imprévu

Projet éditorial
VALERIA MANFERTO DE FABIANIS

Projet graphique
MARIA CUCCHI

FEMMES D'EXCEPTION

50 PORTRAITS DU XXE SIÈCLE À NOS JOURS

Textes de CHIARA PASQUALETTI JOHNSON

L'imprévu

Sommaire

Introduction	6
Emmeline Pankhurst	10
Marie Curie	16
Alexandra David-Néel	20
Maria Montessori	24
Gertrude Stein	28
Mata Hari	32
Virginia Woolf	36
Coco Chanel	38
Agatha Christie	42
Martha Graham	46
Amelia Earhart	50
Golda Meir	56
Peggy Guggenheim	58
Tamara de Lempicka	62
Leni Riefenstahl	64
Diana Vreeland	68
Margaret Bourke-White	72
Estée Lauder	78
Joséphine Baker	80
Frida Kahlo	86
Rachel Carson	90
Simone de Beauvoir	94
Rita Levi-Montalcini	98
Mère Teresa	100
Rosa Parks	104
Indira Gandhi	108
Evita Perón	112
Rosalind Franklin	116
Margaret Thatcher	118
Élisabeth II	122
Simone Veil	130
Anne Frank	132
Grace Kelly	138
Audrey Hepburn	144
Jacqueline Kennedy Onassis	150
Dian Fossey	158
Mary Quant	160
Valentina Terechkova	164
Wangari Maathai	168
Joan Baez	172
Roberta Gibb	178
Billie Jean King	182
Zaha Hadid	186
Benazir Bhutto	190
Christiane Amanpour	196
Diana Spencer	198
Samantha Cristoforetti	204
Misty Copeland	208
Laura Dekker	212
Malala Yousafzai	216
Crédits photographiques	222

103
СОЮЗ

Introduction

Le XXe siècle est celui des femmes. Il les a vues, plus que tout autre époque, relever la tête et sortir leurs griffes pour faire valoir leurs droits, coûte que coûte. Du droit de vote à l'accès à l'université, ces nombreuses conquêtes féminines sont considérées aujourd'hui comme acquises dans une grande partie du monde occidental. Chose impensable si un siècle auparavant d'autres femmes, fortes, créatives et courageuses, n'avaient ouvert la voie à de tels changements historiques. Elles ont contribué à l'Histoire par une vie extraordinaire, s'invitant avec grâce et fierté dans un récit depuis toujours exclusivement conjugué au masculin, défilé sans fin de généraux et dictateurs, de présidents et savants, d'inventeurs et de peintres. Au cours des cent dernières années, les choses ont changé à une vitesse fulgurante et une foule de femmes exceptionnelles a pu vaincre des siècles entiers de préjugés et réécrire les règles de la société, en conquérant le pouvoir avec une force insoumise. C'est grâce à ces icônes, et à leur exemple, que d'autres femmes qui leur ont succédé ont eu moins de difficulté à s'imposer, faisant profiter le monde entier des fruits de leur savoir et de leur imagination.

Nous en avons retenu cinquante mais elles auraient pu être cent, mille, davantage. Plus qu'un choix, un chalenge menant à un jeu d'additions et de soustractions qui ne fera jamais l'unanimité. Les figures que vous retrouverez dans les pages de cet ouvrage ne sont pas obligatoirement les plus célèbres, ou au-dessus de tout soupçon, mais sont sans aucun doute celles qui inspirent aujourd'hui encore les nouvelles générations à devenir meilleures. Elles proviennent de différents continents, ont toutes les couleurs de peau, sont athées, chrétiennes, musulmanes (avec ou sans voile). Elles sont scientifiques, artistes, athlètes, écrivaines, politiciennes, actrices et journalistes. Elles sont toutes exceptionnelles, chacune à leur manière. Extraordinaires dans leurs défauts mêmes, car il s'agit de personnes réelles et non d'héroïnes de roman. Elles sont authentiques, tout comme leurs histoires qui ne se terminent pas toujours bien puisqu'il s'agit de vies réelles, ponctuées de succès et de défaites. Et de grandes difficultés aussi car, au-delà de la créativité et du talent (accompagnés pour certaines d'un énorme pouvoir et d'une renommée mondiale) qu'elles ont cultivés, elles ont presque toujours dû faire face au quotidien d'une femme, dans leur rôle de mères, d'épouses et de filles. S'il est vrai que « derrière un grand homme se cache toujours une grande femme », le contraire n'est pas toujours évident et nombre d'entre elles n'ont pu compter que sur elles-mêmes, affrontant souvent des pères obtus et rétrogrades ou des maris égoïstes et sournois.

Au fil des pages, vous découvrirez leurs visages se succéder en un travelling photographique passant du grain des clichés en noir et blanc de la fin XIXe aux couleurs vives des pixels haute résolution d'aujourd'hui. Telles un film, ces cinquante vies, dépeintes à travers de courts textes révélant leur existence (sans prétendre être des biographies mais avec le désir de susciter la curiosité du lecteur et de l'inviter à approfondir ultérieurement), viennent composer la mosaïque des grands évènements des cent dernières années, vus par « l'autre moitié du ciel ».

L'innovation, le courage visionnaire et la passion au féminin tels qu'ils sont célébrés ici naissent dans les rues de Londres, la plus moderne des capitales européennes au début du XXe siècle, là où les femmes peuvent être reines mais n'ont pas le droit de voter. Une injustice à laquelle les suffragettes remédièrent à travers une bataille menée par l'intrépide Emmeline Pankhurst.

Au siècle dernier, la course vers l'émancipation passe également par les découvertes scientifiques, un début prometteur pour les femmes de science à une époque où les étudiantes universitaires se comptent sur les doigts de la main. Dotées d'une immense force de volonté, de brillantes étoiles apportent leur lumière, comme Marie Curie qui a passé sa vie entre les flacons et les éprouvettes, mais aussi la biologiste Rachel Carson, la première à comprendre les dangers du DDT et des pesticides à une époque où ces derniers servaient de produits d'entretien domestiques. Que dire de Rosalind Franklin, chercheuse d'une intelligence extrême, dévouée à la recherche et qui aurait dû recevoir le Nobel, bien que personne n'ait jamais voulu le reconnaître ? Décidés à vaincre les partis pris masculins, des esprits libres comme Maria Montessori revendiquent le droit à la culture et à l'éducation. Des armes puissantes dans les mains de générations de nouvelles guerrières qui, à

Introduction

partir des années 1920, se battent pour avoir « une chambre à elles » où écrire sans devoir dépendre économiquement d'un homme, comme Virginia Woolf, ou pour publier des best-sellers destinés à être davantage traduits que les œuvres de Shakespeare (les chiffres parlent clair : Agatha Christie bat tous les records).

D'un simple geste, trempant leur plume dans l'encre de la vérité, les femmes déclenchent des révolutions. Comme Simone de Beauvoir qui a posé noir sur blanc les fondements du féminisme dans son ouvrage *Le deuxième sexe*, mais aussi Anne Frank qui peint dans son Journal une fresque extraordinaire de la vie familiale, rappelant à tous qu'on peut rester humain même lorsque le monde semble perdre de sa lucidité. À l'époque, l'art devient enfin lui aussi un « métier de femmes », grâce à la détermination transgressive de Tamara de Lempicka et à la passion de Frida Kahlo, dont les autoportraits finissent par faire de l'ombre à son propre compagnon Diego Rivera, le plus célèbre peintre d'Amérique du Sud. Au même moment, Peggy Guggenheim révolutionne les règles du collectionnisme en achetant « un tableau par jour » aux artistes d'avant-garde, percevant leur valeur avant tout le monde, au point d'en épouser plus d'un.

Celles qui vont marquer la voie d'une nouvelle féminité dans les années 1950 sont les stars d'Hollywood, pleines d'audace et plus que jamais conscientes de leur rôle. Le cinéma se fait l'écho du mouvement et immortalise des étoiles comme Audrey Hepburn, d'une grande beauté et si généreuse qu'elle fera de sa renommée un formidable outil pour aider les autres (son engagement pour l'Unicef fut extraordinaire), sans perdre sa grâce sublime. Elle est admirée par des millions de femmes pour lesquelles elle représente un idéal. Mais la véritable révolution arrive dans les années 1960, années de la pilule, des contestations féministes et de la mini-jupe de Mary Quant. Ces dames s'emparent alors de tout, y compris de l'espace : Valentina Terechkova décolle en 1963 à bord de la capsule *Vostok 6* d'où elle salue la Terre, première femme à accomplir un tel exploit. De nombreuses autres la suivront, prouvant que la différence ne se situe pas entre les hommes et les femmes mais, comme le dit l'astronaute Samantha Cristoforetti, « entre qui est compétent et qui ne l'est pas ». Et tandis que ce court XXe siècle touche à sa fin, hommes et femmes s'engagent davantage vers une relation égalitaire. Sur les terrains de tennis se livre la « Bataille des sexes » dont triomphe Billie Jean King face à un ex-champion (sexiste), tandis que sur le front la journaliste Christiane Amanpour débarque en première ligne pour raconter les horreurs de la guerre. Un vent de féminité souffle aussi sur les édifices avec l'archi-star Zaha Hadid qui s'impose dans un monde d'architectes et d'ingénieurs. La pointe de l'iceberg, en somme, d'une révolution culturelle à laquelle ont contribué des millions de femmes s'insurgeant contre une existence passive qui les reléguait à des rôles préétablis, et souvent protagonistes d'aventures vécues loin des projecteurs. Nous vous invitons, sans vous en dire davantage, à découvrir qui étaient et quels gestes incroyables ont commis des personnages comme Alexandra David-Néel, Wangari Maathai ou Laura Dekker. Ironie du sort ou véritables affinités, les vies de ces femmes extraordinaires se sont parfois croisées. Comme Grace Kelly et Joséphine Baker, si complices et amies dans la lutte contre le racisme que la princesse offrira à la Vénus noire une demeure sur la Côte d'Azur, afin qu'elle y abrite sa Tribu arc-en-ciel, ses douze enfants adoptifs, chacun d'une ethnie et d'une religion différentes. L'Histoire a réuni à jamais Coco Chanel et Jackie Kennedy, qui portait une création de la couturière le jour où son mari fut assassiné à Dallas. Ce tailleur rose taché de sang devint un étendard, décrit par la presse comme « le vêtement le plus légendaire de l'histoire américaine ». Élisabeth II et la Dame de fer, Margaret Thatcher, sont deux femmes de pouvoir qui se connaissaient bien, elles aussi. Elles ne s'appréciaient sans doute guère, mais elles se fréquentèrent régulièrement pendant des années sans jamais laisser transparaître leurs opinions, toutes deux fidèles au protocole bien plus qu'aux émotions. Lady Diana et Mère Teresa, deux mondes opposés mais si proches, ont partagé un bout de leur vie, le dernier, et défrayé la chronique par leur soutien réciproque. Elles mourront à cinq jours l'une de l'autre. Un fil rouge, ou plutôt rose, relie Benazir Bhutto et Malala Yousafzai. Lors de son discours aux Nations Unies, la jeune étudiante rescapée de la fureur talibane portait le foulard rose de la chef pakistanaise, brutalement assassinée sept ans auparavant, partageant symboliquement avec elle cette étoffe mais aussi la force révolutionnaire d'une féminité capable de changer véritablement le monde.

Emmeline Pankhurst

Avec le soutien des Suffragettes, elle a lutté pour le droit de vote des femmes, en déployant une stratégie digne d'une révolution et une armée pourvue de chapeaux et sacs à main. Son cri « je préfère être une rebelle plutôt qu'une esclave » a fait trembler la société et inspiré des millions de femmes.

14 juillet 1858, Moss Side, Manchester, Royaume-Uni • 14 juin 1928, Londres, Royaume-Uni

Au début des années 1900, dans les rues de Londres, un attroupement de femmes, en apparence inoffensives mais débordantes de colère, prend la forme d'un cortège. Leur regard se porte sur une femme menue qui harangue la foule pour exiger ce qui leur revient : le droit de vote. Sa photographie fera bientôt la une des journaux, l'immortalisant à jamais auprès de ses camarades les suffragettes. En un instant, Emmeline Pankhurst devient le symbole de la lutte pour l'égalité, une mission qu'elle portait dans son cœur de petite fille depuis le soir où son père lui susurra au moment de lui dire bonne nuit : « Si seulement tu étais un garçon ». La conquête des droits pour les femmes devient alors sa bataille, un affront à la politique anglaise qui autorise les femmes à être reines mais pas à voter.

Après avoir tenu plusieurs meetings pendant la première guerre mondiale dans tout le Royaume-Uni, Emmeline Pankhurst commence à voyager pour porter son message au-delà des frontières européennes, au Canada et aux États-Unis, où elle prononce un de ses célèbres discours « La liberté ou la mort ». Ici à New York, en 1913.

12 Emmeline Pankhurst (troisième à gauche), en tête de la manifestation de femmes rassemblées sur le Victoria Embankment pour demander au gouvernement britannique de remplacer les hommes partis au front dans les usines de munitions. Parmi elles, des mères de famille et des ouvrières mais également des membres de la haute bourgeoisie et de l'aristocratie londoniennes qui contribueront de façon déterminante à la cause des Suffragettes, à l'aide de financements et de pressions sur les politiciens les plus influents.

13 La police arrête Emmeline Pankhurst sous les objectifs des photographes en 1908. La presse jouait un rôle essentiel pour le mouvement qui, en protestant énergiquement, avait l'objectif de finir en première page dans le but de mobiliser l'opinion publique. C'est justement un journaliste, Charles Hands, qui utilisa pour la première fois dans le *Daily Mail* du 10 janvier 1906 utilisa le terme « suffragette », en référence aux femmes militantes.

Le gouvernement répond aux premières manifestations en nourissant de force, à l'aide d'un entonnoir, les protestatires en grève de la faim. Mais il sous-estime la sympathie révolutionnaire que suscite ce groupe de femmes charmantes, capables de lancer des pierres contre les édifices du pouvoir et de faire voler en éclats les vitrines. « Ce sont les méthodes que les hommes ont adoptées durant toutes les révolutions » déclare Emmeline, qui entre et sort régulièrement de prison et répond aux juges, toujours droit dans les yeux : « nous ne pouvons pas manifester dans le calme comme tout bon citoyen puisque, sans vote, nous ne pouvons nous définir comme tels. » Les suffragettes anglaises remportent une première victoire en 1918, avec l'obtention du droit de vote pour les femmes mariées de plus de 30 ans mais il faudra lutter jusqu'en 1928 pour obtenir le suffrage universel. Un rêve qu'Emmeline ne verra se réaliser puisqu'elle meurt quelques jours plus tôt, laissant derrière elle trois filles, toutes activistes, ainsi que des millions de nouvelles électrices.

Emmeline Pankhurst

14 Originaire d'une famille d'activistes politiques, Emmeline Goulden épouse en 1879 l'avocat Richard Pankhurst, grand orateur et défenseur de l'égalité des droits. Devenue veuve en 1898, Emmeline poursuit l'activité politique menée avec son mari, entourée de ses filles Christabel, Sylvia et Adela.

15 Peu de temps après sa mort, les Suffragettes firent la demande d'un monument en mémoire d'Emmeline Pankhurst. Sa statue, réalisée par le sculpteur Arthur George Walker, sera inaugurée en 1930 à deux pas de la tour Victoria, entourée de végétation, à l'ombre du parlement de Westminster.

7 novembre 1867, Varsovie, Pologne • 4 juillet 1934, Passy, France

Marie Curie

La connaissance, une voie menant à la liberté. La recherche, une conquête à mettre à disposition de l'humanité. Car « dans la vie, rien n'est à craindre, tout est à comprendre ». Paroles de Marie Curie, la scientifique de tous les records.

Première femme diplômée en physique, première à enseigner à la Sorbonne, première à recevoir le Nobel et, aujourd'hui encore, la seule à avoir été récompensée deux fois dans deux domaines scientifiques différents. Personne d'autre qu'elle n'a su indiquer aux femmes la route vers l'émancipation, car elle a tracé de ses pas un sentier lumineux et révolutionnaire, empreint d'une sourde rébellion et d'une volonté obstinée. Seconde d'une famille de brillants scientifiques, à quatre ans Maria Sklodowska avait déjà appris à lire seule, à dix c'était une élève prodige et à quinze elle avait réalisé avec consternation qu'elle ne pourrait continuer ses études, interdites aux femmes de la Pologne tsariste. Elle fit alors un pacte avec sa sœur Bronia, partie étudier la médecine à Paris grâce à l'argent que Maria lui envoyait en travaillant comme gouvernante. Elle subvint alors à ses besoins quand vint le tour de la cadette d'échapper au milieu opprimant où elles avaient grandi. En 1891, elle s'embarqua donc, coincée entre des valises, à bord d'un wagon de troisième classe pour arriver trois jours plus tard dans un pays où il lui serait permis d'étudier. À Paris, elle passait ses jours et ses nuits dans les livres, enfermée dans l'exiguïté d'une chambre dotée d'un lit pliant, d'une chaise et d'une table. Elle avait troqué son nom pour Marie, avait du mal à comprendre la langue, mais ses objectifs étaient clairs : obtenir une maîtrise de physique et, tout de suite après, de mathématiques. Quand on lui présenta le professeur Pierre Curie, elle comprit qu'elle avait trouvé l'âme sœur : « il me confia bien vite son rêve d'une vie entièrement consacrée à la recherche scientifique et me demanda de la partager avec lui. » Main dans la main, ils poursuivirent cet idéal de la science comme progrès de l'humanité, basé sur un modèle qu'on pourrait aujourd'hui qualifier d'*open source*.

Pendant des années Marie Curie, photographiée ici dans son laboratoire, avait mené ses recherches sans instruments appropriés. Ce n'est qu'en 1909 qu'elle put créer à la Sorbonne l'Institut du radium, devenu l'Institut Curie, un centre de recherche sur la radioactivité et ses applications en médecine.

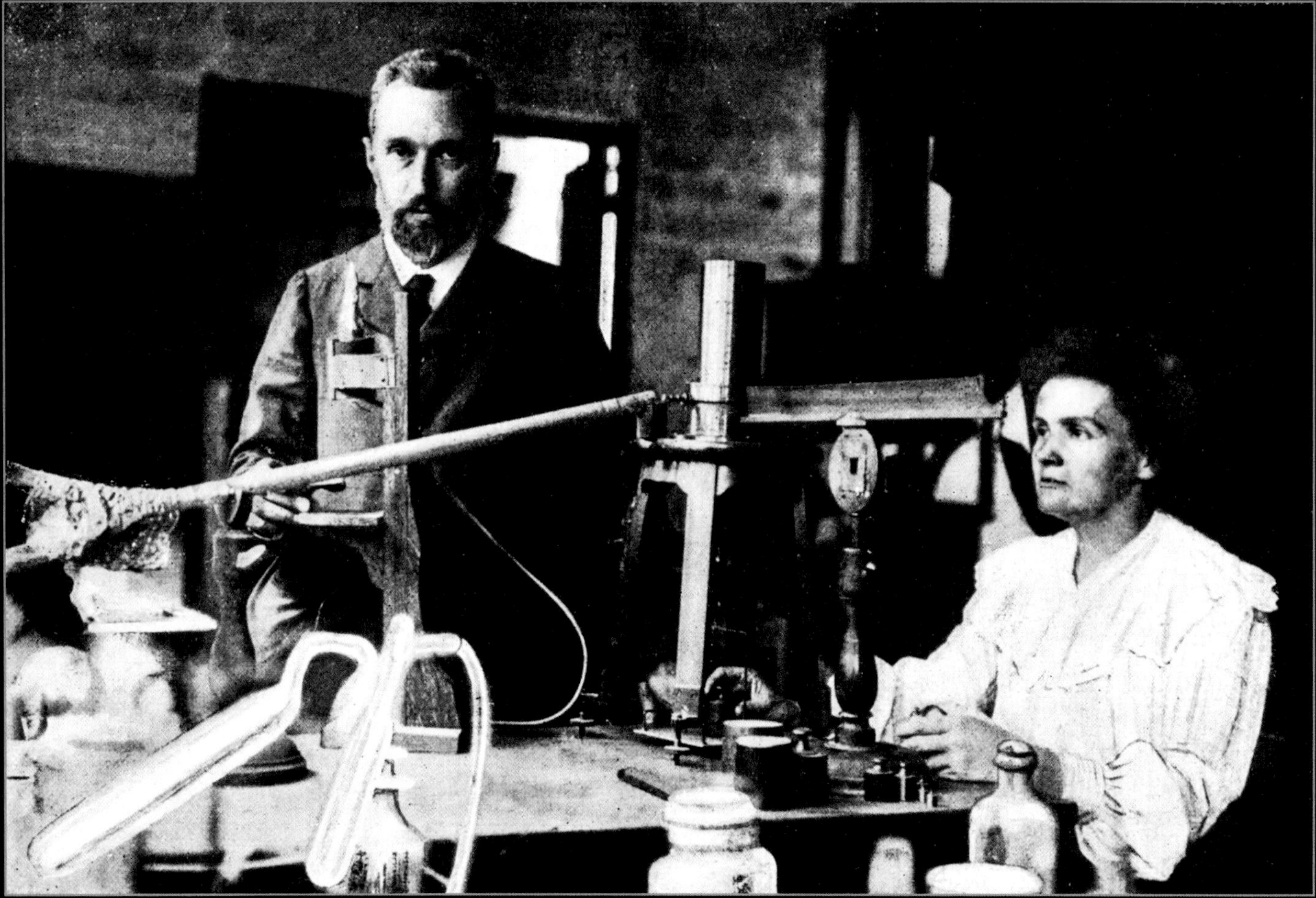

18 Quand Pierre Curie apprend qu'il est candidat au Nobel, il écrit au comité en expliquant qu'il refuserait le prix si sa femme n'était pas candidate avec lui. Ils furent récompensés tous deux en 1903, avec un de leurs collègues, Becquerel. Mais en tant que femme, Marie ne fut jamais admise à l'Académie française des sciences.

19 Au début des années 1920, Marie Curie est une célébrité dans le monde entier. Elle a déjà gagné deux fois le Prix Nobel, compte parmi les rares femmes au monde travaillant dans le domaine de la recherche, et représente une icône de dévouement et de passion, douée d'une extraordinaire perspicacité expérimentale. En 1921, elle effectue un voyage aux États-Unis pour recueillir des fonds nécessaires à la poursuite de ses recherches sur le radium. Partout on lui réserve un accueil triomphal.

Lorsqu'ils découvrirent le radium, ils décidèrent de ne pas déposer de brevet. « Nous avons travaillé dans l'intérêt de la science et le radium ne doit enrichir personne. Le radium est un élément chimique : il appartient à tous ». Ignorant les risques qu'ils couraient, ils se rendaient chaque soir soir dans leur laboratoire pour contempler les lueurs émanant des éprouvettes radioactives. « Un spectacle fascinant et toujours nouveau. Les tubes lumineux resplendissaient de lumière, tels des fées et fantômes » écrivit Marie dans son journal, toujours conservé, comme toutes ses notes de laboratoire, et ses recettes de cuisine, dans des boîtes scellées pour éviter la fuite de radiations absorbées durant les expériences. Ce seront ces mêmes radiations qui causeront sa mort, mais auparavant elle aura fondé l'Institut Curie, mis en place un service d'ambulances radiologiques pour les soldats au front (les « petites Curies » qu'elle conduisait personnellement), remporté en 1911 un second Nobel, en chimie cette fois, et mis au monde sa fille Irène Joliot-Curie, qui recevra à son tour le fameux prix.

24 octobre 1868, Saint-Mandé, France • 8 septembre 1969, Digne-les-Bains, France

Alexandra David-Néel

Elle découvre le bouddhisme à dix-huit ans et se lance dans un voyage sans fin. Elle arrive jusqu'au toit du monde, le Tibet, un exploit réputé alors difficile pour un homme, impossible pour une femme.

Elle fit sa première fugue à l'âge de trois ans, sa nourrice viendra la rechercher quelques heures plus tard, mais dans ce geste apparaissent déjà les signes d'une nature agitée qui allait faire d'elle une des plus grandes voyageuses de son époque. À dix-huit ans Alexandra avait déjà découvert la Hollande, l'Angleterre et les lacs italiens, puis avait pédalé entre la France et l'Espagne avant de faire halte à Paris pour suivre des cours de langues orientales à la Sorbonne, passant de longues heures dans la splendide salle de lecture du Musée Guimet, pleine de lumière, comme le Bouddha en méditation qui la préside. Inspirée, elle décide qu'elle deviendra « bouddhiste, féministe mais surtout anarchiste car l'obéissance c'est la mort », écrit-elle dans une de ses publications de jeunesse. En 1890, un héritage inattendu lui permet de partir enfin pour l'Inde où elle demeure un an. Elle y retournera après avoir épousé Philippe Néel, ingénieur des chemins de fer français en Afrique du Nord, qui la salue de la terrasse de leur demeure à Tunis alors qu'elle repart pour l'Orient en promettant d'être de retour dix-huit mois plus tard. Quatorze ans s'écouleront. Durant son plus grand voyage, elle rencontre Aphur Yongden, un jeune moine tibétain qui devient un compagnon de vie et d'aventures. Ensemble ils entrent à Lhassa, la cité interdite, en plein cœur du Tibet, où les étrangers ne peuvent accéder. Elle a 56 ans, leur exploit fait le tour du monde et finit en couverture du *Time*. Ils voyageront encore en empruntant le Transsibérien jusqu'en Chine. À la mort d'Aphur, Alexandra se retire dans les douces collines de Provence pour écrire ses mémoires de voyage. À l'âge de cent ans, elle fait renouveler son passeport, une fois encore, au cas où l'opportunité de partir se représenterait.

Alexandra, ici avec Aphur Yongden, le moine tibétain qui deviendra son fils adoptif sous le nom d'Arthur David. Entre 1915 et 1916, ils vivent dans une grotte du Sikkim, à 4 000 mètres d'altitude, avant d'entreprendre ensemble une longue série de voyages.

22-23 Après 2 000 kilomètres de marche, Alexandra David-Néel et Aphur Yongden arrivent à Lhassa en 1924. « Lha gyalo! » (Les dieux ont triomphé !) s'exclame t-elle en larmes tandis qu'ils se mêlent à la foule des pèlerins. Ils passeront plusieurs mois à visiter la ville sainte et ses grands monastères, avant d'être démasqués du fait d'un souci de propreté excessif.

23 Après avoir passé sa vie à voyager, Alexandra se consacre à l'écriture de plus de trente livres, qui contribueront de façon déterminante à la diffusion du bouddhisme en Occident. Son ouvrage le plus célèbre s'intitule *Voyage d'une parisienne à Lhassa* (1927), le carnet de voyage de son séjour dans les montagnes du Tibet.

31 août 1870, Chiaravalle, Italie • 6 mai 1952, Noordwijk, Hollande

Maria Montessori

La réforme pédagogique de cette grande institutrice a changé les règles de l'enseignement. Sa méthode, célèbre dans le monde entier, part d'un principe simple mais révolutionnaire selon lequel « le jeu est le travail de l'enfant ».

Qu'est-ce que les fondateurs de Google, Sergey Brin et Larry Page, Bill Gates, García Márquez, le gourou d'Amazon, Jeff Bezos, et le père de Wikipedia, Jimmy Walls, ont en commun ? Tous ont étudié dans des écoles Montessori, créées il y a un siècle par une femme défiant les conventions de l'époque pour mettre au point une méthode d'apprentissage qui a formé des hommes de génie, des précurseurs et des prix Nobel. Maria Montessori a révolutionné la pédagogie en mettant au centre de tout l'enfant, sa créativité et son individualité. « On a beaucoup parlé des droits de l'homme, en particulier des travailleurs, mais il est temps de parler des droits sociaux de l'enfant » déclara-t-elle en inaugurant en 1907 à Rome la première de ses écoles, qui ouvriront dans le reste de l'Italie et du monde. Ces « maisons des enfants » étaient lumineuses et accueillantes, à la mesure des tout-petits pour leur permettre de se sentir finalement libres d'exprimer leurs énergies les meilleures. Plus extraordinaire encore fut tout le matériel didactique qu'elle s'empressa de mettre au point après sa maîtrise en médecine (elle fut l'une des trois premières à obtenir ce diplôme en Italie) alors qu'elle développait de nouvelles méthodes d'enseignement destinées aux enfants en difficultés d'apprentissage. Ainsi apparurent les lettres rugueuses, à manipuler et à reconnaître tout d'abord au toucher car « les mains sont l'instrument de l'intelligence de l'homme », mais aussi tous ces objets qui ont permis d'assimiler cet enseignement à un jeu plus qu'à une leçon, mené par des enseignants en mesure de proposer des expériences faisant ressortir « ce qu'en réalité les enfants savent déjà ». Une méthode en apparence ludique mais qui repose sur des bases très sérieuses car derrière chaque exercice transparaît l'orientation montessorienne visionnaire d'une évolution harmonieuse de l'esprit et du corps que les neurosciences reconnaîtront quelques dizaines d'années plus tard.

Entravée par le fascisme, Maria Montessori quitte l'Italie en 1934 et se rend en Inde où elle est accueillie comme la Grande institutrice. Elle voyagea beaucoup et mourut à l'âge de 82 ans dans un petit village de la mer du Nord. On peut lire sur sa tombe : « Je prie ces chers enfants, qui peuvent tout, de s'unir à moi pour la construction de la paix chez l'homme et dans le monde ».

26 La méthode de Maria Montessori (ici à Londres en 1951) est pratiquée dans le monde entier, dans plus de 22 000 écoles des premier et second degrés, dont 5 000 aux Usa, 1 200 en Allemagne, 370 en Irlande, 220 en Hollande, 200 en Inde, 150 au Japon, pour un total de 66 500 si on y ajoute les écoles d'orientation montessorienne

Cette vision claire et sereine que Maria Montessori donna à son enseignement ne se reflète pas dans sa vie privée, qui ne fut pas exempte de grandes douleurs. Cette femme brillante, courageuse et intelligente, tomba dans un profond désarroi lorsqu'elle apprit qu'elle attendait un enfant, fruit d'un amour passionné avec un psychologue italien qui refusa de l'épouser. Un scandale tel pour l'Italie de l'époque que même l'anticonformiste Maria ne put se résoudre à ignorer les critères de normalité familiale en vigueur. Elle fut douloureusement contrainte de confier l'enfant à une autre mère et, comme dans un roman d'antan, ne le retrouva que quinze ans plus tard. Dans son amour pour ce fils perdu, elle sut puiser la force pour continuer ses études et porter un nouveau regard sur la pédagogie, avec en tête le rêve d'une société faite d'hommes libres et autonomes dès leur plus jeune âge, destinés à devenir plus tard de grands penseurs en mesure d'assumer la responsabilité de leur propre existence. Un rêve que Maria confia aux mains des parents et des enseignants en leur donnant un devoir, fondamental pour le développement des enfants : « Aidez-les à agir seuls ».

27 Le jeu comme méthode d'étude est à la base de la technique Montessori, qui observe ici deux jeunes élèves d'une de ses premières écoles de Londres en 1946. Elle répétait souvent aux institutrices : « Le plus grand signe de réussite pour une maîtresse est de pouvoir dire : les enfants travaillent comme si je n'étais pas là ».

Gertrude Stein

3 février 1874, Allegheny, Pittsburgh, Pennsylvanie, États-Unis • 27 juillet 1946, Neuilly-sur-Seine, France

Collectionneuse, écrivaine avant-gardiste, hôtesse d'un des salons artistiques les plus animés de Paris. Mais aussi muse de Picasso, qui la peint dans un tableau destiné à changer l'histoire de la peinture.

Au début des années 1900, Paris était le centre du monde et la maison Stein, rue de Fleurus, son cœur battant. Un cercle pittoresque et chaotique fréquenté par des artistes et des écrivains avant-gardistes, où se rencontraient Pound, Apollinaire, Picabia, Satie, Cocteau et Hemingway. La maîtresse de maison était américaine et s'appelait Gertrude Stein, c'était une femme robuste aux cheveux courts qui accueillait ses hôtes affublée de larges chemises d'homme et de gilet à fleurs, affichant une assurance qui frôlait l'arrogance. Dotée d'une intuition extraordinaire, chez elle chaque centimètre était recouvert d'œuvres de peintres encore inconnus comme Gauguin, Cézanne, Matisse et Braque. Frappé par son anticonformisme, le marchand d'art Ambroise Vollard affirmait qu'elle était l'unique cliente qui collectionnait des tableaux « non parce qu'elle était riche mais malgré le fait qu'elle ne l'était pas ». Son physique masculin n'en faisait pas une grande beauté, pourtant elle posait pour tous les grands artistes de son temps, de Picabia à Cecil Beaton, Man Ray et Picasso qui, en 1906, fera un portrait d'elle qui marquera la fin de la période rose et le début du cubisme. Elle le définira « la seule reproduction de moi où je suis moi, comme je me vois ». Après le départ de ses amis, la nuit elle écrit, mais son style novateur peine à trouver un éditeur. À Paris elle est pourtant célèbre, grâce à l'esprit de son salon où tout peut être dit sans hypocrisie, y compris sa propre homosexualité. Gertrude ne cachera jamais ses tendances et, lorsqu'en 1907 elle fait la connaissance d'Alice Toklas, elle comprend qu'elle a trouvé la compagne de sa vie.

Née en Pennsylvanie d'une famille juive de la classe moyenne, Gertrude vécut toute sa vie grâce à une rente versée par la compagnie de son frère Michael. Durant sa jeunesse aux États-Unis, elle fut l'élève du psychologue William James, avec qui elle étudia les relations entre l'écriture et la conscience, études qui se révèleront fondamentales quand elle deviendra une auteure d'avant-garde.

Elle l'installe chez elle, rue de Fleurus, et l'aime comme sa femme jusqu'à la fin de ses jours, lui demandant en échange de supporter ses escapades et d'occuper le rôle de secrétaire pour recopier à la machine les textes qu'elle écrit consciencieusement chaque jour, pas plus d'une demi-heure car « il faut beaucoup de temps pour écrire une demi-heure ». En 1934, après trente ans de travail, Gertrude Stein remporte son premier triomphe avec l'*Autobiographie d'Alice Toklas*, un succès extraordinaire dans lequel elle emprunte le nom de sa compagne pour dresser un portrait acéré, brillant et cancanier d'elle-même et de son cercle d'amis. Survenu au seuil de ses soixante ans, ce succès inattendu n'est pas sans entraîner un questionnement sur son identité d'auteure expérimentale. Mais son style demeure unique jusqu'à la fin, notamment lorsqu'elle susurre à sa bien-aimée ces derniers mots : « Quelle est la réponse ? » et, en l'absence de réaction, d'ajouter « Dans ce cas, quelle est la question ? » Elle ferma alors les yeux, en gardant dans sa main celle de la femme avec laquelle elle avait partagé quarante ans de sa vie.

30 Au cours de ses dernières années, Gertrude voyagea beaucoup. En Europe (ici en Allemagne), mais également en Amérique, où elle passa six mois, entre 1934 et 1935, tenant 74 conférences dans 37 villes, de part et d'autre du pays. Sa visite, dont on avait fait grand bruit à l'époque, fut également célébrée par l'enseigne lumineuse de Times Square annonçant : « Gertrude Stein est arrivée à New York ».

31 En 1944, Gertrude Stein est dans un village de l'Ain, dans les Alpes, où elle avait trouvé refuge durant la seconde guerre mondiale. C'est grâce au directeur de la bibliothèque nationale de France, Bernard Faÿ, qu'elle et sa compagne, Alice Toklas, toutes deux juives, avaient pu trouver un lieu sûr où se cacher.

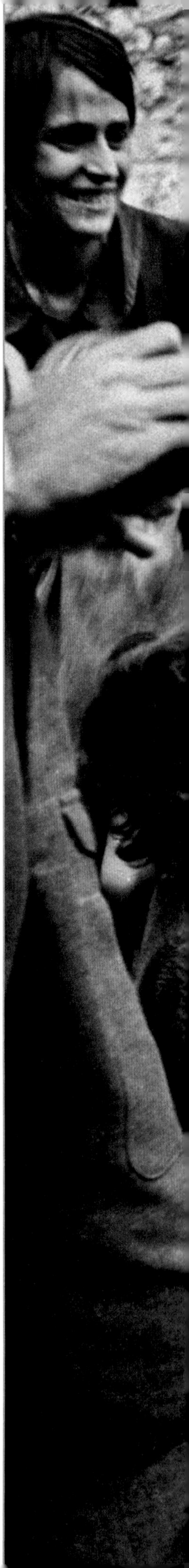

Mata Hari

Cultivée, audacieuse, d'une intelligence extrême. L'agent secret le plus célèbre de l'Histoire parlait six langues et dansait divinement. Bravant les moralistes avec une pléiade d'amours clandestines, elle finit par devenir le pion d'un double jeu qui lui coûta la vie.

Lorsque le peloton d'exécution prit position, Mata Hari refusa d'endosser un bandeau, préférant regarder dans les yeux les douze soldats en joue, prêts à la fusiller. Presque tous les projectiles firent chou blanc, dernière galanterie des militaires, avant le coup de grâce qui la frappa en plein cœur. Personne ne réclamera sa dépouille, enterrée dans une fosse commune près de Paris. Pourtant, quelques jours auparavant encore, cette danseuse légendaire était l'objet du désir des hommes de la moitié de la planète, séduits par ses mouvances sinueuses, mais également ce mystérieux exotisme qu'elle avait savamment construit, faisant fi de ses origines européennes. Aucune trace de sang oriental ne coulait dans ses veines : Margaretha Zelle, de son vrai nom, provenait d'une famille bourgeoise aisée d'une petite ville de Hollande où elle fréquentait une école prestigieuse et se distinguait de ses blondes camarades par de brillants résultats et l'insolite beauté de sa peau mate et de son regard noir intense. Elle est à peine majeure lorsqu'elle quitte l'Europe pour épouser un officier de marine en Indonésie. Plus que par son époux, un ivrogne, elle est séduite par la culture orientale et le secret des danses javanaises, dont elle tirera profit à son retour en Europe, après le naufrage de son mariage. En 1904, elle débarque à Paris, armée de son seul charme et de ses ambitions.

7 août 1876, Leeuwarden, Hollande • 15 octobre 1917, Vincennes, France

Archétype de la femme fatale de la Belle Époque, Mata Hari (ici en costume de scène vers 1910) a inspiré des romans et des films, comme le fameux chef d'œuvre tourné en 1931 avec Greta Garbo, et d'autres productions avec Marlène Dietrich, Jeanne Moreau et Sylvia Kristel.

Elle n'avait pas un sou mais logeait au Grand Hôtel, et où elle s'exhibait comme « danseuse venue d'Orient » à l'occasion de luxueuses fêtes privées où elle était applaudie, entourée d'admirateurs transis par son numéro le plus célèbre où elle se libérait un à un des voiles qui l'enveloppaient. Parmi ces soupirants, le collectionneur Émile Guimet qui l'invite à venir danser dans son musée des merveilles exotiques et lui suggère de changer de nom. Margaretha devient ainsi Mata Hari («œil de l'aube » en javanais) et se transforme en une véritable star. Entourée d'une aura mystérieuse, elle était ovationnée dans les temples de la danse de l'Europe entière, de la Scala de Milan à l'Olympia de Paris. Acclamée par la presse comme « artiste sublime, capable de donner son sens le plus profond et le plus poignant à l'âme indienne », elle est courtisée par les princes et les généraux qui, entre ses bras, se laissent aller aux confidences, secrets d'État et autres stratégies militaires. La guerre éclate en juillet 1914 au moment où elle s'apprête à débuter dans un grand spectacle à Berlin, qui ne verra jamais le jour car sa vie est sur le point de changer du tout au tout. Ses fréquentations, qui faisaient grand bruit, intéressent au plus haut point le chef du renseignement allemand ; il lui offre vingt mille francs et lui confie une mission secrète et un nom de code : H21. À partir de ce moment, Mata Hari devient une des espionnes les plus habiles des services secrets allemands mais, persuadée d'être suffisamment protégée par ses relations haut-placées, elle entreprend un double jeu et se met au service de l'espionnage français. Lorsqu'on l'arrête à Paris, les preuves contre elle ne suffisent pas à prouver sa trahison. Ce qu'on lui reproche vraiment ? D'être une femme, belle, riche, cultivée, voyageant seule et d'avoir admis sans pudeur posséder de nombreux amants. De quoi, à l'époque, condamner sans appel cette femme fatale, libre et anticonformiste qui avait défié les hommes, les nations et les étiquettes, en mettant le monde à ses pieds.

Cette photographie fut prise à Paris vers 1900, au moment où la danseuse utilisait encore son vrai nom, Margaretha Zelle. De son mariage avec le capitaine néerlandais Rudolph MacLeod naquirent deux enfants, un garçon qui mourut à l'âge de trois ans, et une fille qui fut confiée à son père au moment du divorce du couple, en 1902.

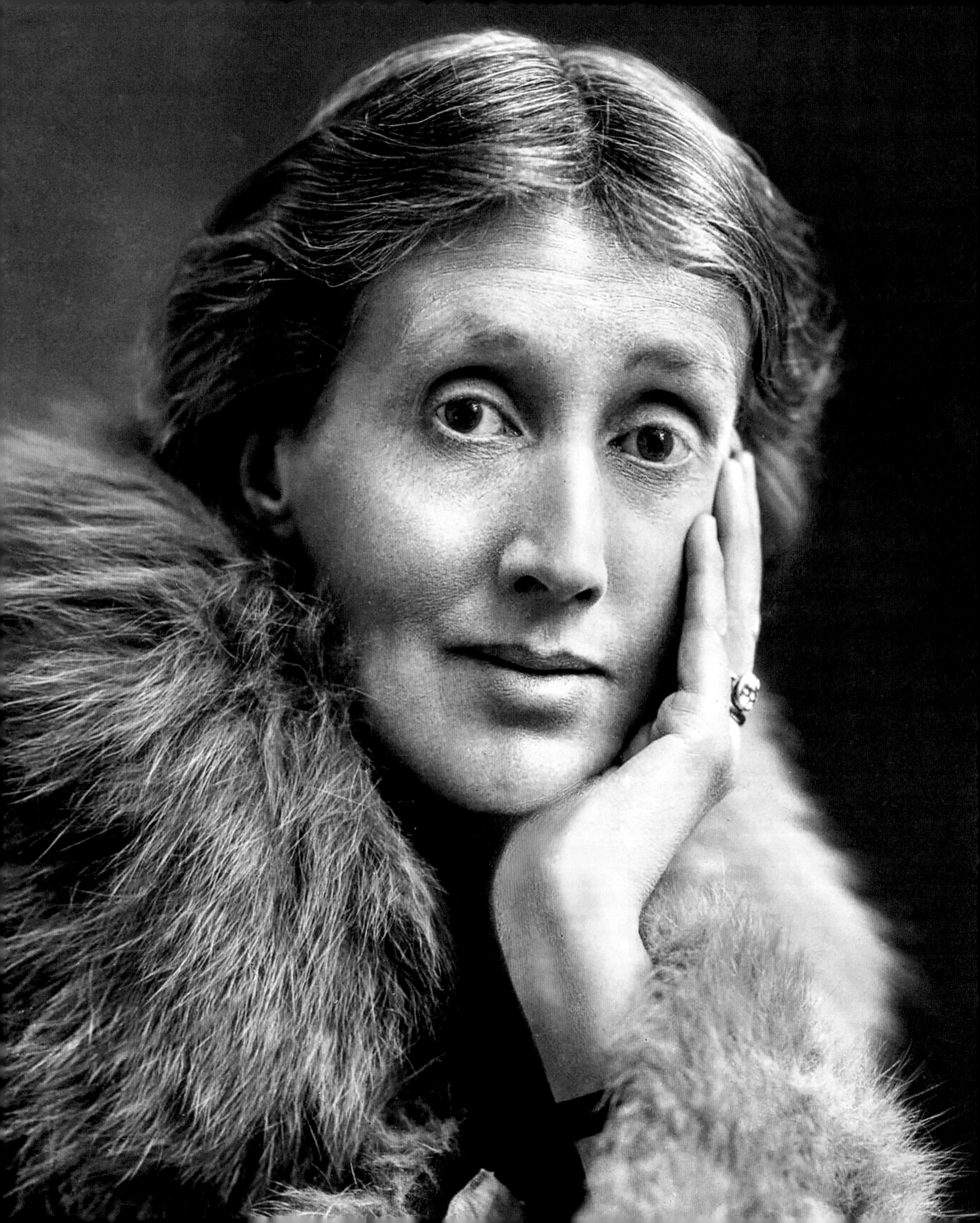

Virginia Woolf

25 janvier 1882, Londres, Royaume-Uni • 28 mars 1941, Rodmell, Royaume-Uni

Elle veut devenir écrivaine dans un monde d'écrivains, et elle y parvient. En révolutionnant la structure des romans traditionnels, elle y sème de nombreux messages pour rappeler aux femmes d'où elles sont parties, il n'y a pas si longtemps de cela, pour conquérir leur autonomie.

« Qui peut imaginer l'ardeur et la violence dans le cœur d'un poète quand celui-ci est lié et mêlé au corps d'une femme ? » s'interrogeait Virginia Woolf en 1929 dans *Une chambre à soi*, un essai ironique, mais implacable sur le rapport des femmes et de l'écriture. Sa thèse est simple : la subordination économique et psychologique envers l'homme a conditionné la littérature féminine. « Une femme doit avoir de l'argent, de quoi se nourrir, et une chambre à elle pour pouvoir écrire » déclarait-elle, mais cela allait bien au-delà d'une simple réflexion théorique. C'était une déclaration d'indépendance, un hymne à l'émancipation, un acte de rébellion contre les stéréotypes d'une société hermétique et sectaire qui obligeait les femmes à servir de miroir aux hommes, avec le pouvoir magique et délicieux de réfléchir une image de l'homme deux fois plus grande que nature ». Virginia joignit les actes aux mots. Elle devint la maîtresse de maison et l'hôtesse du Bloomsbury, un cercle raffiné mais anticonformiste, où on entrait armé d'ironie et en ressortait l'esprit plus ouvert, après avoir parlé de tout sans gêne, de littérature, art, politique, religion et sexualité. Farouchement libre, Virginia Woolf vivait suspendue entre ses contradictions, constamment préoccupée de ne pas être habillée de façon appropriée, elle ne cachait pas son amour pour les femmes, bien que très proche de son mari Leonard ; elle faisait preuve d'un humour caustique et tranchant qui éclatait en de stridents fous rires suivis de crises de profond désespoir, dont elle tentait de sortir par de longues promenades exténuantes et d'interminables séances d'écriture. Sans jamais se poser trop de questions ni interroger son entourage, car « nous ne connaissons déjà pas notre âme, que dire de celle des autres ? ».

Virginia Woolf dans un portrait de 1927. De mère orpheline, elle fut élevée par un père intellectuel et libertaire mais qui ne lui permit pas, en tant que femme, de fréquenter l'université. Anéantie par la dépression, elle se laissera mourir à l'âge de 59 ans, en se jetant dans une rivière les poches remplies de pierres.

Coco Chanel

Une vie commencée dans la misère pour finir reine de la haute couture. Mademoiselle Coco révolutionna le concept d'élégance féminine et enseigna aux femmes les secrets d'une classe intemporelle car « la mode passe, le style reste ».

« Je ne regrette rien dans ma vie, à l'exception de ce que je n'ai pas fait ». Et elle en avait fait des choses Coco Chanel, à commencer par remonter ses manches, toute jeune dès sa sortie de l'orphelinat, alors qu'elle s'appelait encore Gabrielle. Le soir, elle chantait dans un café-concert en brandissant son cheval de bataille, une chansonnette intitulée *Qui qu'a vu Coco*, qui lui valut le surnom avec lequel elle entra dans l'Histoire. Le jour, elle confectionnait des chapeaux de paille, tous différents les uns des autres. Simples et sobres, si éloignés de l'opulence de la Belle Époque (« Comment le cerveau peut-il fonctionner sous de tels trucs ? » s'interrogeait-elle) et déjà dotés d'un style unique empreint d'élégance et de linéarité propres à chaque pièce qu'elle réalisera. Avec le soutien de l'amour de sa vie, Arthur « Boy » Capel, un industriel de la haute bourgeoisie de Newcastle, elle inaugure son premier atelier de mode à Paris, rue Cambon, une adresse qui entrera dans la légende, et où se trouve aujourd'hui encore le siège de la maison. En 1913, elle ouvre une deuxième boutique à Deauville, puis une troisième dans la très chic ville de Biarritz. Dans les années 1920, son style triomphe et prend le pas sur l'idée de féminité du siècle précédent. « Un homme peut porter ce qu'il veut, il restera toujours un accessoire de la femme » disait Coco, chamboulant la garde-robe de ces dames. Elle porta la longueur des jupes sous le genou, abaissa le niveau de la taille et inventa la Petite robe noire, la quintessence du chic parisien. Une robe simple qui n'a que faire de la constriction des bustiers et corsets et que *Vogue* comparait à la Ford T, comme quelque chose dont le monde ne pourrait se passer.

Coco Chanel, photographiée en 1936 à Paris par Boris Lipnitzki, porte ses fameux six rangs de perles. Très superstitieuse, elle en faisait ses porte-bonheur qu'elle aimait marier à de beaux bijoux plus voyants mais peu coûteux, à porter sur un tailleur ou un chemisier, aussi bien le jour que le soir, pour apporter une touche de lumière au noir rigoureux de ses robes.

19 août 1883, Saumur, France • 10 janvier 1971, Paris, France

En fouillant dans les armoires de ses amants, elle emprunte aux hommes leur pantalon et leur tweed, transformant le plus masculin de tous les tissus en de souples vestes pour femme. Puis elle lance l'escarpin bicolore, dont le beige allonge la jambe et le bout noir raccourcit le pied et dissimule les taches. Riche et célèbre, elle ajoute à ce charme ambigu et quelque peu androgyne qui la caractérise une coupe de cheveux à la garçonne qui fait fureur, tout comme ses vêtements. Star des salons les plus illustres, dont elle alimente les conversations avec les relations qu'elle entretient avec des hommes et des femmes, artistes et aristocrates. Proche de Stravinsky, Picasso et Cocteau (qui disait d'elle : « Par une sorte de miracle, elle opère dans la mode avec les mêmes règles qu'ont pensait valoir seulement pour les peintres, les musiciens et les poètes. »), Coco se trouvait à l'apogée de sa carrière lorsque des rumeurs circulèrent quant à une éventuelle sympathie pour le mouvement fasciste. Elle préfère se retirer sans pour autant quitter la scène définitivement. En 1955, Coco Chanel, désormais dans les 70 ans, ouvre à nouveau ses portes, bravant le new-look de Christian Dior et ses jupes corolles avec ses tailleurs étroits, immédiatement adoptés par les grandes divas. Elle associe à jamais son nom au double C croisé, le premier logo dans l'histoire de la mode, ainsi qu'au camélia, la fleur chinoise à la géométrie parfaite, qui recouvrait les paravents Coromandel dont elle aimait s'entourer rue Cambron et au Ritz, où elle vécut presque toute sa vie. Une fleur choisie pour symboliser son style, dépourvue de senteur et n'interférant pas avec la seule eau de parfum qu'admettait Mademoiselle Coco, celle qui entra dans l'imaginaire collectif grâce à Marilyn Monroe qui, à la question « Que portez-vous au lit ? » répondait « Chanel N° 5 naturellement ».

En 1937 Coco Chanel est à l'apogée de son succès. Son style, composé de formes essentielles, sans fioritures, dans des tissus de très haute qualité, s'impose partout dans le monde. Ses premières collections s'inspirèrent des vestes candides et noires que portaient les sœurs qui l'ont élevée à l'abbaye d'Aubazine, où elle fut abandonnée par son père à l'âge de 12 ans.

Agatha Christie

15 septembre 1890, Torquay, Royaume-Uni • 12 janvier 1976, Wallingford, Royaume-Uni

Elle n'était jamais allée à l'école et devint, pourtant, le plus grand écrivain de romans noirs de tous les temps. Avec plus de deux milliards d'exemplaires vendus, elle bat tous les records, à l'exception de la Bible et de Shakespeare. Et dire que cette lady réservée excogitait ses effroyables homicides au cours de longues méditations dans sa baignoire.

Timide et taciturne, enfant Agatha Christie n'aimait guère les poupées et préférait s'amuser à inventer des histoires pour ses amis imaginaires, exactement ce qu'elle fera le reste de sa vie, en composant sur sa machine à écrire plus de 80 romans. Le succès de son premier livre, *La mystérieuse affaire de styles,* transforme la jeune rêveuse en une femme moderne indépendante, destinée à changer les règles du roman policier. Cinglante par nature, mais aimable, c'était une fine observatrice de l'âme humaine, toujours à l'affût d'idées pour ses livres, convaincue que « chacun d'entre nous peut avoir un ami assassin ». Elle sut tirer profit du décor et de l'atmosphère de l'élégante station balnéaire de Torquay, où elle grandit, pour interrompre le suspens haletant de ses empoisonnements par des pages décrivant des soirées en robes de cocktail et salons astiqués par les majordomes, à l'heure du thé et des sandwichs. Les amies de sa mère, membre excentrique de la haute société anglaise, furent la source d'inspiration d'une galerie de portraits féminins remarquables, femmes fortes et indépendantes mais également insoupçonnables petites vieilles rusées comme Miss Marple, la parfaite incarnation de la sagesse féminine d'antan. Voyageuse invétérée, en 1922 elle suit son premier mari Archie, colonel dans l'armée de l'air anglaise, dans un tour du monde qui passe par l'Australie, l'Afrique du Sud et Hawaï.

À 60 ans, Agatha Christie est à l'apogée sa carrière. Elle s'intéresse au monde du théâtre où, en 1952, est jouée *La Souricière*, une œuvre écrite à la demande de la reine Mary pour son quatre-vingtième anniversaire. Depuis, elle est représentée chaque soir sans interruption, ce qui en fait la pièce la plus durable de l'Histoire.

Quand il lui brise le cœur en la quittant, elle monte seule à bord d'un train à destination de Bagdad, en quête d'inspiration. Bien avant d'arriver, elle avait déjà trouvé le décor parfait pour ce qui allait devenir son roman le plus célèbre, *Le crime de l'Orient Express*. Peu de temps après, elle rencontre Max Mallowan, un brillant archéologue beaucoup plus jeune qu'elle. « Un archéologue est un mari idéal. Plus vous vieillissez et plus il s'intéresse à vous » déclara-t-elle le jour de leurs noces. Il l'emmena au Pakistan et en Égypte, où les fouilles archéologiques servirent à créer de nouveaux romans comme *Mort sur le Nil* et *Rendez-vous avec la mort*. Mais les véritables mystères d'Agatha Christie sont ailleurs. En réalité on sait peu de choses d'elle, son caractère, le divorce d'avec un premier époux plein de rancœur, sans parler des onze jours durant lesquels elle disparut sans laisser de trace avant de réapparaitre, dans un état confus, à l'hôtel où elle descendit sous le nom de la maitresse de son mari. « Les personnes devraient s'intéresser aux livres, non à leurs auteurs » répondait-elle aux curieux. Pour mettre un terme aux rumeurs, elle écrivit une autobiographie avec ordre formel de ne la publier la publier qu'après sa mort, mais ceux qui s'attendaient à un coup de théâtre digne d'Hercule Poirot furent déçus. Les indices qu'elle laissa étaient ailleurs, là où l'œil ne se poserait jamais, exactement comme dans un de ses romans. Par exemple, dans les pages de romans d'amour écrits par Mary Westmacott, auteure qui n'a jamais existé : des histoires romantiques et passionnées sorties tout droit de la plume d'Agatha Christie, dissimulée derrière un nom d'emprunt pour cacher au monde le côté le plus intime et fragile de la grande dame du polar.

Agatha Christie avec son mari, l'archéologue Max Mallowan, en 1946. « C'est la femme qui, après Lucrèce Borgia, a vécu le plus longtemps en contact avec le crime », disait d'elle Winston Churchill. Avec *Dix petits nègres*, vendu à 110 millions d'exemplaires, elle bat tous les records du roman policier.

Martha Graham

Elle a interprété le XXe siècle en dansant avec fureur : deux guerres, le féminisme, la psychanalyse. À l'origine de la danse moderne, Martha Graham a été la pionnière des avancées avant-gardistes de la danse occidentale.

11 mai 1894, Allegheny, Pittsburgh, Pennsylvania, États-Unis • 1er avril 1991, New York City, New York, États-Unis

Martha Graham n'a jamais été à la mode, plutôt classique intemporelle, toujours actuelle un siècle plus tard. Ses premiers pas aux États-Unis n'ont pourtant pas été faciles. Contestée par la critique (avec de brillantes exceptions comme celle de John Martin, qui créa pour elle le terme de « modern dance »), elle ne correspondait pas au goût d'un public encore attaché au rêve romantique du ballet XIXe, interprété par des sylphides sur pointes satinées, enveloppées de candides tutus. Mais elle savait où elle voulait arriver : la quête des énergies intérieures du corps à travers une nouvelle forme d'expressivité, basée sur des mouvements précis et angulaires suivant le rythme des battements du cœur. Ses chorégraphies reflètent la culture de l'époque : la peinture cubiste, le jazz, les archétypes de Jung. Authentique dans ses origines de provinciale américaine, elle se sentait profondément liée à l'histoire de sa terre. « La danse révèle l'esprit du pays d'où elle puise ses racines » écrivit-elle en 1937 dans un essai qui expliquait l'origine de ses nombreuses chorégraphies, inspirées des traditions et de l'histoire des peuples natifs américains, des afro-américains et des puritains. De pensée libre, elle fut l'ennemie acharnée de toute dictature et lorsque dans un appel à la radio le ministre de la propagande nazie, Goebbels, l'invite à participer aux spectacles des Jeux olympiques de Berlin, Martha refuse ouvertement, exprimant au monde sa condamnation du régime nazi. Mariée une fois, plutôt brièvement (en 1940, avec le chorégraphe Erick Hawkins), ses relations avec le sexe opposé furent toujours houleuses. « On danse avec son vagin ! » fut un de ses préceptes le plus scandaleusement iconoclaste.

Avec ses chorégraphies, Martha Graham a également influencé l'histoire du costume en introduisant sur scène de larges pantalons drapés, des coiffures aux sinueuses arabesques et des associations de couleurs uniques et audacieuses (le rouge et le violet est la plus légendaire). Ses collaborations avec les stylistes Donna Karan et Calvin Klein sont célèbres.

« Le sexe, je trouve que c'est une très belle chose », déclarait-elle. « Je ne sais pas ce que serait la vie sans sexe ». Fanatiquement égocentrique (« Je dois être adorée » aimait-elle répéter), elle se sentait loin de la lutte féministe, et se justifiait ainsi : « j'ai été entourée d'hommes toute ma vie, aussi le mouvement de libération des femmes n'a-t-il jamais eu prise sur moi. Je n'ai jamais éprouvé de sentiment d'infériorité ». Reste que, sur scène, avec une ironie amère elle drapait d'étoffe ses danseuses mais déshabillait les hommes, car « les femmes n'ont pas besoin de se dévêtir pour être sensuelles. Les hommes, si ». Elle a créé 181 chorégraphies au cours de sa fulgurante carrière, toutes encore très actuelles. Ce fut la première danseuse à se montrer en spectacle à la Maison blanche et à recevoir la plus haute récompense civile des États-Unis, la Médaille de la liberté. Au mépris de toute loi biologique, elle est restée miraculeusement active jusqu'au seuil de ses cent ans, gardant jusqu'à la fin sa lucidité et son éternelle créativité.

48 et 49 Martha Graham durant une tournée à Taipei en 1973 et, à droite, la même année à New York. Au cours de sa vie, elle a enseigné à de nombreux acteurs et musiciens, de Bette Davis à Kirk Douglas, de Madonna à Liza Minnelli et Gregory Peck, comment utiliser leur corps comme moyen d'expression. Woody Allen a lui aussi participé à ses cours qu'il décrit avec son habituelle ironie caustique : « Pour moi c'était très sérieux. Pour ceux qui me regardaient, c'était du plus haut comique ».

Amelia Earhart

24 juillet 1897, Atchison, Kansas, États-Unis • dernière communication : 2 juillet 1937, Océan Pacifique

Pleine de charisme, de courage et d'audace. Elle portait à merveille les blousons d'aviateur en cuir. Sa vie et sa mort sont devenues légendaires, et on recherche toujours l'épave de son avion mystérieusement disparu au large du Pacifique en 1937.

Par une belle journée d'avril de 1920, Amelia Earhart avait réussi à convaincre son père de l'accompagner à Long Beach, en Californie, pour se rendre à une des nombreuses foires de machines volantes qui se multipliaient en Amérique après la guerre. En échange d'un dollar, elle monta pour la première fois à bord d'un biplan. Elle avait 23 ans, ce fut le coup de foudre : « Quand j'atteignis l'altitude de deux ou trois cents pieds, je sus que je devais voler ». Elle s'empressa de recueillir la somme nécessaire pour se payer des leçons de vol auprès d'Anita Snook, une autre pionnière de l'aéronautique, et devint, le 15 mai 1923, la seizième femme au monde à obtenir son brevet. L'équipement de l'époque était des plus rudimentaires et se composait d'un blouson en cuir, d'un bonnet et de lunettes. Ne voulant passer pour une débutante, elle dormit trois nuits d'affilée avec son blouson afin de lui donner un aspect usé, de même qu'elle se coupa les cheveux court pour ressembler aux autres pionnières de l'air. « Le plus difficile est la décision initiale, le reste est persévérance. Les peurs sont des tigres de papier » confia-t-elle au moment où elle acheta un biplan d'occasion de couleur jaune, qu'elle surnomma *Le canari,* pour s'envoler à 4300 mètres, établissant d'emblée le nouveau record féminin. Le premier grand chalenge arriva en 1928 avec la traversée de l'Atlantique. Son sponsor, l'éditeur George P. Putnam, qui deviendra son mari, lui propose d'être accompagnée du vétéran Wilmer « Bill » Stultz et du mécanicien Louis « Slim » Gordon.

Avec ses cheveux courts et tenues d'aviateur en cuir, la Reine des airs ou *Lady Lindy* - comme l'avait surnommée la presse de l'époque pour sa ressemblance avec le pilote Charles Lindbergh - n'était pas seulement un as du ciel mais une véritable icône. L'Amérique lui a consacré des places, des statues, des timbres et des films.

Ce qui ne lui plut pas du tout : « Wilmer pilota presque tout le temps. J'étais juste un bagage qu'on transportait comme un sac de patates ». Ainsi, en 1932, elle décide d'entreprendre l'exploit grâce auquel elle entrera dans la légende : le vol en solitaire de l'île de Terre-Neuve, au Canada, à Londonderry en Irlande du Nord, où elle atterrit après environ 15 heures de vol. Jeune, belle, bénéficiant du soutien de la presse et de la récente industrie de l'aviation civile, Amelia Earhart devint une star mais également une icône du féminisme. Dans ses interviews, elle déclarait : « Les femmes doivent tenter de réaliser l'impossible tout comme l'ont fait les hommes. Leur échec doit représenter un défi pour d'autres femmes. » Quatre ans plus tard, elle commence à préparer son exploit le plus ambitieux : le tour du monde le long de la ligne de l'équateur. Mais après 35 400 kilomètres, alors qu'il ne manquait plus qu'un tiers du trajet à leur destination, elle disparut dans le Pacifique avec son copilote Frederick Noonan.

À travers ses exploits, Amelia inspire une génération entière, et conquiert une foule d'admiratrices avec des phrases comme « dans les expéditions futures, les femmes assumeront des responsabilités de plus en plus grandes et le genre auquel elles appartiennent ne conditionnera plus la reconnaissance de leur valeur, qui se fera à la lumière des résultats obtenus. »

Nous sommes le 2 juillet 1937. Les neufs bateaux et 66 avions (pour un coût estimé d'environ 4 millions de dollars) envoyés par le président Franklin D. Roosevelt ne suffiront à la retrouver. Les recherches seront interrompues le 19 juillet après inspection d'une surface d'océan de 650 000 kilomètres carrés. Amelia ne fut jamais retrouvée et l'aviatrice devint un mythe, un exemple qui, à distance d'un siècle, continue d'inciter les jeunes femmes à suivre leurs rêves en plaçant la barre toujours plus haut, au-delà des nuages.

54 Amelia sur le pont de son Lockheed Vega, entourée d'une foule enthousiaste à son arrivée à Londonderry, en Irlande du Nord, en 1932. Elle vient d'achever la première traversée en solitaire de l'Atlantique au départ de Terre-Neuve, au Canada.

55 Amelia photographiée à Honolulu le 27 décembre 1934, durant la traversée en solitaire du Pacifique d'Honolulu à Oakland, en Californie. Deux ans plus tôt, elle avait établi un autre record en traversant les États-Unis sans escale de Los Angeles à Newark, dans le New Jersey.

3 *mai 1898, Kiev, Ukraine • 8 décembre 1978, Jérusalem, Israël*

Golda Meir

Énergique et puissante, il lui suffisait d'un geste pour conditionner le sort du Moyen-Orient. « Le meilleur homme au gouvernement », disait d'elle Ben Gourion, le père fondateur d'Israël, qui imposa à Golda Mabovitch son nouveau nom hébreu, Meir, ou « brillant ».

Le monde se souvient d'elle comme d'une Dame de fer, bien avant Margaret Thatcher. Et surtout comme de la passionaria du sionisme et pionnière de l'État d'Israël. À travers l'expérience des pogroms, enfant déjà elle fut témoin de l'antisémitisme qui frappait la communauté hébraïque russe. « Un juif ne peut se permettre d'être pessimiste » disait-elle en racontant comment sa famille avait fui l'Ukraine pour les États-Unis, où son père souhaitait qu'elle arrête ses études pour se marier. C'était l'année 1912, elle avait 14 ans. Et plutôt que d'obéir, elle se réfugia chez sa sœur à Denver, où elle découvrit le féminisme et épousa la cause juive. De même que son fiancé américain, Morris Meyerson, un rêveur passionné de musique et de poésie, qu'elle entraîne avec elle en Palestine, en 1921, pour creuser la terre et partager la dure vie des kibboutz, convaincue que la création d'un État hébreu constitue l'unique solution permettant de garantir la sécurité de son peuple. Le 14 mai 1948, lors de la naissance de l'État d'Israël, Golda compte parmi les 24 signataires de la déclaration d'indépendance. Elle consacre dès lors sa vie à la construction du pays, comme ministre du travail puis des affaires étrangères et, enfin, à sa tête en tant que Première ministre. Elle assume alors la responsabilité de décisions qui auraient fait frémir n'importe quel homme de pouvoir, de la gestion de la crise pétrolière à celle du canal de Suez, des différends militaires avec l'Égypte et la Syrie au massacre des Jeux olympiques de Munich en 1972, lorsqu'un commando de terroristes palestiniens prend en otage et élimine onze personnes parmi les athlètes israéliens et leurs entraîneurs. Éreintée par une vie en première ligne et un lymphome, elle se retire de la vie politique à 74 ans, quittant le monde encore en guerre avec une de ses phrases les plus célèbres : « La paix viendra quand les arabes aimeront leurs enfants plus qu'ils ne nous haïssent ».

Golda Meir en visite à Tibériade, Israël, le 29 avril 1969. Elle a 71 ans et vient d'être élue Première ministre. Elle ne s'est jamais définie comme féministe mais ne tolérait pas les inégalités. À un ministre qui proposait d'instaurer un couvre-feu aux femmes pour mettre fin à une série de viols, elle répondit froidement : « Ce sont les hommes qui attaquent les femmes, s'il y a couvre-feu c'est à eux de rester chez eux ».

Peggy Guggenheim

26 août 1898, New York City, New York, États-Unis • 23 décembre 1979, Camposampiero, Italie

Collectionneuse d'art et d'artistes, elle a épousé Max Ernst, posé pour Man Ray, pris des leçons d'art avec Samuel Beckett et découvert Jackson Pollock. De New York à Venise, elle a insufflé de part et d'autre de l'océan une incroyable ouverture d'esprit.

Elle s'appelait Marguerite mais pour tout le monde c'était Peggy, comme l'avait surnommée son père adoré, Benjamin Guggenheim, mort en héros sur le Titanic après avoir cédé son gilet de sauvetage à une dame. Avec cet étrange sobriquet et ce sacré nez en patate - hérité d'une opération interrompue à mi-chemin - cette riche héritière d'une famille juive américaine savait bien que son physique n'allait pas l'aider à s'imposer. Mais elle était narcissique, vulnérable et manquait d'assurance. Et comme elle aimait être au centre de l'attention, elle misa sur son excentricité et se consacra aux collections d'art. Son destin ? « Partir en quête de l'impossible » tandis qu'elle échappait « aux choses faciles de la vie ». Exempte de toute formation académique, elle se débrouilla pourtant merveilleusement bien. Dès qu'elle le put, elle quitta New York pour Paris, « l'endroit le plus stimulant au monde » où, de 1921 à 1928, elle se lia d'amitié avec Marcel Duchamp, Man Ray (« Il a fait de moi des photos grâce auxquelles je me suis sentie très belle »), Jean Cocteau et un peintre sans le sou qui allait devenir son premier mari : Laurence Vail. Un mariage loin d'être idyllique, dont ils eurent deux enfant, Pegeen et Sindbad, qui se termina sept plus tard. « Il est devenu mon meilleur ami : les maris s'améliorent toujours après le divorce » expliqua t-elle. Elle part alors pour Londres et inaugure la galerie Guggenheim Jeune, où elle organise des expositions de dessins d'enfants et présente pour la première fois les travaux d'Henry Moore et de Lucian Freud. Insatiable de vie et d'art, Peggy ne s'arrête pas là et décide d'ouvrir un musée.

À Venise en 1965, Peggy Guggenheim pose avec les lunettes que son ami et artiste américain Edward Melcarth a créées en son honneur. Tout aussi excentriques qu'elle, par leur côté surréaliste, ces iconiques *sunglasses* papillon contribuèrent à créer le personnage de Peggy et à alimenter une popularité grandissante.

Elle se promet d' « acheter une œuvre d'art par jour », et s'empare de maîtres révolutionnaires et provocateurs, sans jamais discuter sur le prix « car à l'époque tout était très bon marché ». Ainsi, au moment où Hitler envahit la Pologne, elle se trouve dans l'atelier de Fernand Léger pour y acheter un tableau, une des nombreuses pièces qu'elle réussit à sauver en les emportant à New York, où elle ouvre une nouvelle galerie (*Art of this Century*, consacrée aux peintres de l'avant-garde européenne) et se marie avec un nouvel artiste, Max Ernst. Après avoir participé avec sa collection à la biennale d'art en 1948, Peggy décide de s'installer à Venise. Elle achète le Palais Venier dei Leoni et s'installe sur le Canal Grande avec son régiment de petits chiens. Elle restera jusqu'à la fin de ses jours dans cette ville « où la vie n'est pas normale car tout et tout le monde flottent » et où « les reflets sont plus beaux encore que ceux des grands artistes », laissant derrière elle un musée qui porte son nom et qui compte aujourd'hui parmi les plus importants au monde (avec 326 œuvres d'art de plus de 100 artistes), visité chaque année par des millions de personnes.

60 et 61 En 1961, dans sa maison à Venise, située sur le Canal Grande, Peggy pose avec un de ses pékinois qu'elle adorait, à côté d'un tableau de Picasso et sous une œuvre d'Alexander Calder, l'artiste à qui elle demanda de réaliser la tête de lit qu'on peut admirer sur cette page.

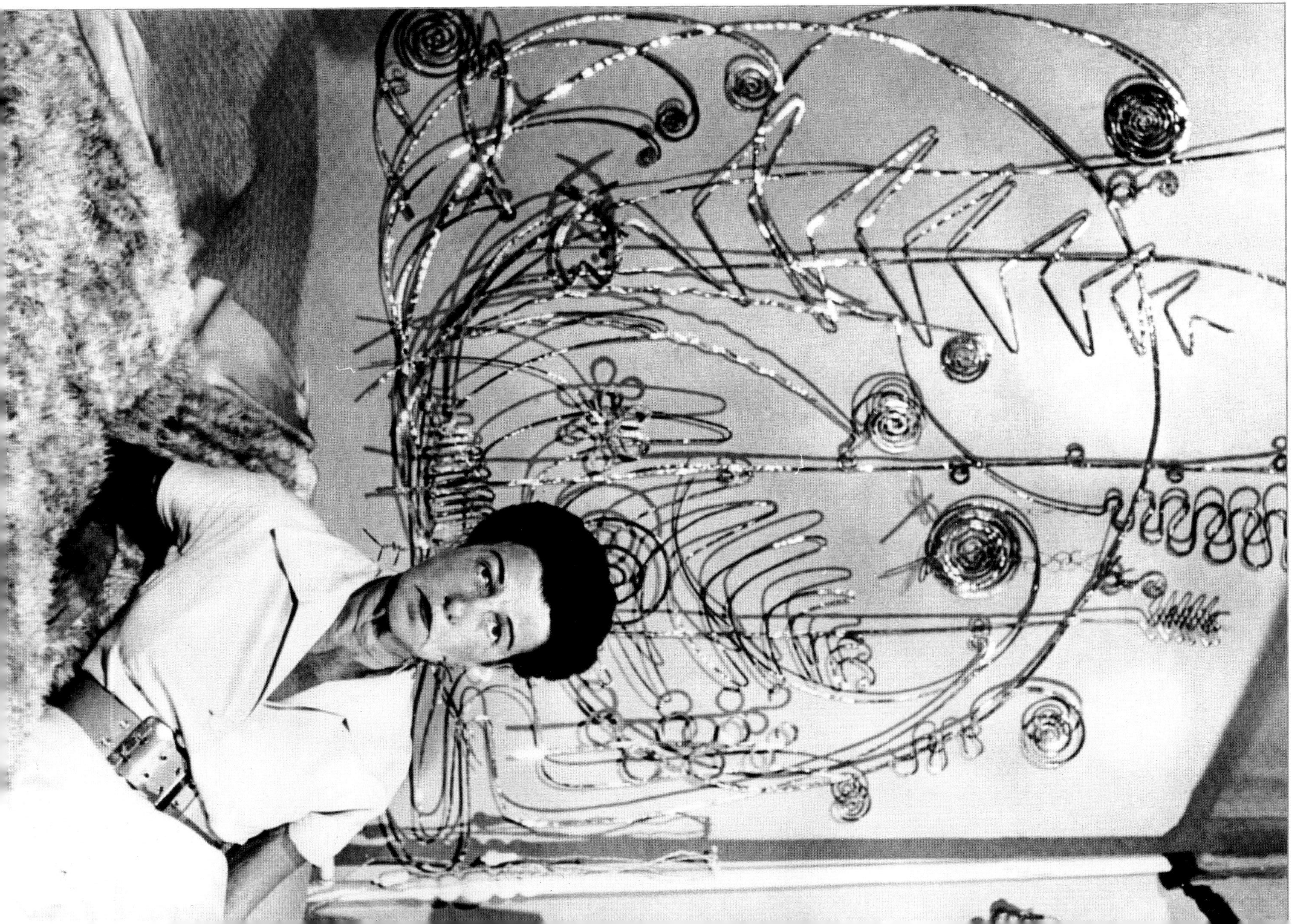

Tamara de Lempicka

Aristocrate et glamour, transgressive et libre, star de la jet-set cosmopolite et icône de l'Art déco. Son amour pour les femmes et la mode l'a amenée à peindre des portraits d'amazones magistralement réalisés, belles et effrontées, comme elle.

Regard oblique, voilette sur les yeux, perles et diamants, telle une diva, Tamara pose comme une professionnelle devant l'objectif des photographes de *Vanity Fair* et de *Die Dame*, tout en fumant l'un après l'autre ses trois paquets de cigarettes quotidiens. Scrupuleux stratège de sa propre image, elle avait su mêler sa vie à l'art, devenant un personnage à la silhouette légendaire. Durant les fabuleuses années folles parisiennes, elle brille comme une star incarnant à la perfection le rôle, encore inédit dans la société de l'époque, de peintre professionnelle. Le Salon d'Automne, où elle expose pour la première fois en 1922, est un tremplin formidable pour ses œuvres, qui obtiennent un énorme succès grâce à l'audacieux mélange d'art classique et du nouveau courant cubiste. La peinture représente alors son laissez-passer, la clé lui ouvrant les portes de l'aristocratie et de la haute société qui se reflètent dans l'ambiguïté de ses portraits de femme fatale aux lèvres vermillon, vêtues de robes du soir de soie bruissante ; au téléphone, ou encore à bord d'une Bugatti. Sa carrière ralentit après son mariage avec un riche collectionneur, le baron Raoul Kuffner (siglé par un accord pré-matrimonial garantissant à l'artiste la plus grande liberté sexuelle), avec lequel elle inaugure la seconde moitié de sa vie dans la société américaine. Les fêtes qu'elle donne à Beverly Hills sont fabuleuses mais ses nouveaux tableaux laissent la critique indifférente, ce dont elle souffre énormément au point de renoncer à exposer. Elle se retire finalement au Mexique, dans une splendide propriété loin du tapage mondain, en laissant des dispositions précises pour que ses cendres soient dispersées dans le volcan Popocatépetl. Le dernier geste théâtral d'une diva de la peinture.

Tamara Gurwik-Gorska affirmait être née à Varsovie en 1902, mais d'après ses certificats de naissance et de décès, elle était originaire de Moscou, où elle serait née quatre ans plus tôt. À dix-huit ans, elle épouse le conte polonais Tadeusz Lempicki, son premier mari et père de sa fille unique, Kizette. Ils divorceront en 1928.

16 mai 1898, Varsovie, Pologne • 18 mars 1980, Cuernavaca, Mexique

Leni Riefenstahl

22 août 1902, Berlin, Allemagne • 8 septembre 2003, Pöcking, Allemagne

Ombres et lumières d'une longue vie, suspendue entre génie et opportunisme. Avec ses films en noir et blanc, elle célèbre la gloire du troisième Reich, puis se détourne du passé en se plongeant dans les couleurs de l'Afrique et du monde marin.

Par une douce soirée de printemps de l'année 1932, un couple se promène sur une plage de la mer Baltique, discourant de cinéma et de grands idéaux. Il s'agit de Leni Riefenstahl, 30 ans et bien des peines à se construire une place dans le monde du spectacle. Celui qui l'accompagne est Adolf Hitler, bientôt Führer, fasciné par le charme de cette jeune réalisatrice, au point de lui promettre que « lorsqu'ils seront au pouvoir, c'est elle qui réalisera ses films ». Un an plus tard, il tient parole et lui confie les reprises des rassemblements fleuves du parti nazi, que Leni saura transformer en de puissants instruments de propagande. Le succès international arrive avec le colossal *Les dieux du stade* sur les Jeux olympiques de Berlin de 1936, film impressionnant tourné avec une équipe de 40 cameramen, qui demanda deux ans de montage et fut accueilli avec enthousiasme par la critique et le public. Pour le tournage, Leni dispose du meilleur de la technologie, sans compter de brillants escamotages permettant de réaliser des séquences mémorables. À commencer par des tranchées creusées pour filmer des courses en contre-plongée jusqu'aux caméras attachées à des ballons volants, accompagnés des instructions à ceux qui, pour toucher une prime, récupèreraient le matériel filmé. Lorsque la guerre éclate, la montée en puissance de l'Allemagne semble imparable et la réalisatrice et sa caméra suivent les pas des troupes victorieuses, jusqu'au retournement du conflit. Accusée de soutenir le régime, elle est emprisonnée puis acquittée par le tribunal de Nuremberg qui croit en sa protestation d'innocence et à son rôle de simple témoin de la séduction collective

La réalisatrice en 1940, sur le tournage du film *Tiefland*. Le montage sera interrompu durant la guerre et terminé en 1954 seulement. Ce sera le « long-métrage à la production la plus longue de l'histoire du cinéma ».

66 Leni Riefenstahl, allongée sur l'herbe au centre, dirige l'équipe chargée de filmer la victoire de l'athlète afro-américaine Archie Williams au 400 mètres, le 14 août 1936 durant les Jeux olympiques de Berlin. La réalisatrice filma, sur ordre d'Hitler, chaque moment crucial des épreuves pour mettre en scène, en 1938, son chef d'œuvre *Les dieux du stade*.

67 Leni durant un de ses séjours au Soudan. Elle entreprend de visiter l'Afrique dans les années 1960, et documente ses voyages avec des dizaines de reportages, à l'aide de son appareil photo, et à partir desquels elle réalisera deux ouvrages photographiques publiés en 1974 et en 1976, qui remporteront un franc succès.

exercée par Hitler : « J'ai seulement expliqué comment des millions d'allemands ont cru en lui » se défendra-t-elle au cours du procès.

Libre, mais au bord du suicide, elle décide de quitter l'Allemagne pour trouver refuge derrière un nouvel objectif, celui d'un appareil photo. Elle part loin, jusqu'en Afrique où elle reste fascinée par la grande beauté des tribus soudanaises des Noubas. Leni apprend leur langue, dort dans leurs cabanes et partage leurs tâches, leur repos et festivités qu'elle photographie à travers des reportages exceptionnels. À l'âge de 73 ans, elle fait encore preuve d'un esprit juvénile et s'invente une nouvelle passion : les prises de vue sous-marines. En 2002, à l'âge de 100 ans elle réalise son dernier film *Impressions sous-marines*, puis épouse un collaborateur de 50 ans plus jeune. Elle se déclare alors prête à conclure sa vie terrienne. « Le passé a été une telle ombre sur ma vie que la mort sera pour moi une libération » déclarera-t-elle, laissant au monde quelques doutes quant à sa moralité, mais sûrement toute la beauté de ses œuvres, extraordinaires, au-delà de toute prise de position.

Diana Vreeland

29 juillet 1903, Paris, France • 22 août 1989, Upper East Side, New York City, New York, États-Unis

Un grand charisme de l'intuition, un style inimitable. Beaucoup de dérision aussi. À ceux qui lui demandaient les raisons de son succès, elle répondait « la première chose à faire, mon chou, est de s'arranger pour naître à Paris. Le reste va de soi ».

Cette dame menue, d'une grande maigreur, aux traits marqués accentués par un nez proéminent, fut la reine absolue du *fashion system* pendant presqu'un demi-siècle, des années 1930 aux années 1980. Parisienne de naissance et new-yorkaise d'adoption, à vingt et un ans elle épouse un banquier, à trente-trois elle commence à collaborer avec la revue *Harper's Bazaar*, et à 60 elle prend les rênes de *Vogue* au moment où la pilule, la mini-jupe et les Beatles vont bouleverser le monde, pour conquérir une nouvelle génération de lectrices, tout aussi arrogantes et désinvoltes qu'elle. Dotée d'un instinct infaillible, elle disposait d'un véritable radar pour détecter les nouveaux talents. Elle fut la première à mettre des célébrités en couverture, misant sur des femmes au visage imparfait dont la personnalité attirait le regard, comme Twiggy, Cher et Angelica Huston. Elle fit appel à Andy Warhol pour illustrer la revue, ayant compris bien avant le premier galeriste que cet étrange jeune homme allait faire son chemin. Elle lança le photographe Richard Avedon, qui lui resta fidèle pendant presqu'un demi-siècle, inventa le *lifestyle* et vanta les mérites de la chirurgie esthétique. Elle mettait en première page les créations de jeunes couturiers comme Emilio Pucci, Manolo Blahnik, Missoni et Valentino, les transformant d'un jour à l'autre en superstar. Elle seule pouvait se permettre de dire d'Hitler (rencontré dans les années 1930 à Munich) que ses « moustaches étaient horribles, une grosse erreur ». Elle seule pouvait affirmer avec certitude que, portés sens devant derrière, les pulls « mettaient davantage en valeur »,

Née à Paris en 1903 d'une descendante de George Washington, Emily Key Hoffmann, et issue de la haute société américaine, Diana part s'installer avec sa famille à New York après la fin de la première guerre mondiale. En 1924, elle épouse le banquier Thomas Reed Vreeland.

70 Diana, au centre, pose avec les mannequins qui portent des pièces exposées au *Metropolitan Museum de New York* à l'occasion de l'exposition Romantic and Glamorous Hollywood Design, qu'elle organise en 1974. « C'est banaliser ses mérites que de dire que Diana Vreeland s'est occupée uniquement de mode. Elle a été une fine et judicieuse observatrice de notre époque. Elle a vécu une vie pleine » commenta un jour son amie Jackie Kennedy Onassis.

71 Diana Vreeland vivait dans un grand appartement de Park Avenue. À l'architecte à qui elle en avait confié la décoration, elle demanda « un jardin en enfer flamboyant » dans des tons de rouge, cette même couleur qu'elle avait choisie pour son bureau à la rédaction de *Vogue*, où elle est prise en photo sur la page de droite.

dictant des lois en matière de style du haut d'improbables tuniques rasant le sol, ou de simples cols roulés portés sur un pantalon en maille noir, sous un long visage chevalin coiffé d'un carré noir corbeau aux boucles dignes de la mode XVIIe. Du reste, Diana soutenait que « l'élégance est innée, et n'a aucun rapport avec le fait d'être bien habillé » mais affirmait que « nous avons tous besoin d'un peu de mauvais goût. C'est le manque total de goût que je ne partage pas. » L'histoire d'amour brusquement terminée avec *Vogue*, elle se voit offrir dans les années 1970 un poste de consultante à l'Institut du costume du *Metropolitan Museum of art*, une entreprise titanesque pour quiconque mais certainement pas pour elle. Après avoir révolutionné la mode internationale, elle impose son style non seulement à l'Institut mais au musée tout entier, organisant des expositions mémorables consacrées à Balenciaga et à Saint Laurent, aux costumes du cinéma hollywoodien et à la Russie. Ce qui aurait dû marquer la fin de sa carrière devint le énième succès pour cette femme sachant profiter de la vie jusqu'au bout, sans jamais s'arrêter et renoncer à rien. Luxe, excès et divertissement compris, car comme le disait si bien Diana, « il ne faut jamais avoir peur d'être vulgaire, barbant, oui ».

Margaret Bourke-White

14 juin 1904, Bronx, New York City, New York, États-Unis • 27 août 1971, Stamford, Connecticut, États-Unis

Ses reportages pour *Life* sont le récit des grands évènements du XXe siècle. Avec talent et courage, cette femme intrépide a réalisé une succession d'exploits étonnants, devenant un modèle pour des générations de photographes.

Pour Margaret Bourke-White, photographier signifiait « trouver quelque chose de nouveau, quelque chose que personne n'aurait pu imaginer avant, quelque chose que vous seul voyez car vous n'êtes pas seulement photographe, vous êtes un être spécial qui peut regarder en profondeur là où d'autres passeraient leur chemin ». C'est en quête de ce « quelque chose », qu'elle se fraya un chemin dans un métier d'hommes, ne cédant à aucune faiblesse (mis à part l'habitude de porter des tissus coordonnés à l'étui de son appareil). Elle passa son enfance dans le Bronx avec une mère qui lui répétait : « *Reject the easy path. Do it the hard way* » (Refuse la facilité, choisis la difficulté), et un père ingénieur mécanicien qui l'emmenait dans les usines installer des machines pour l'imprimerie. Pour ses premiers clichés, Margaret choisit les imposants édifices de l'industrie lourde de l'Ohio, que son œil transforme en de majestueuses cathédrales, s'érigeant entre des coulées de métal incandescent et des structures de ciment armé en surplomb. Tandis que la Grande dépression s'abat sur l'Amérique, elle porte son regard sur le drame provoqué par les *Dust Bowl,* ces tempêtes de sable dévastatrices, causées par une politique agricole intensive, qui paralysent le centre du pays. Un tel talent ne pouvait échapper à un éditeur au flair extraordinaire comme Henri Luce, qui fit d'elle la photographe de pointe de la revue *Fortune* et, en 1936, lui attribua l'honneur et la responsabilité de la première couverture d'un nouveau journal destiné à changer l'histoire du journalisme. Telle une forteresse invincible, l'austère digue de Fort Peck campée sur le premier numéro de *Life* fera le tour du monde, inaugurant la carrière internationale de Margaret qui, dès lors, va se faire la détentrice de records tous aussi impressionnants les uns que les autres.

Oscar Graubner a réalisé cette photo en 1935 à New York, immortalisant Margaret Bourke-White sur la tête d'aigle d'une gargouille de la tour Chrysler. « Heureusement, je n'ai jamais eu le vertige », lança-t-elle, à presque 300 mètres du sol, avec la même élégance et tranquillité qu'au milieu de son salon.

74 Inlassable voyageuse, Margaret Bourke-White prépare sa valise. En 1937, avec son mari, le romancier Erskine Caldwell, elle fait un long séjour dans le sud des États-Unis pour raconter la pauvreté de ces régions. Son reportage prendra la forme du livre *You have seen their faces.*

Elle est la première journaliste à obtenir un visa pour entrer en Russie et raconter la révolution industrielle. Au moment où la guerre éclate, elle demande et obtient la permission de partir au front, devenant la première correspondante de guerre américaine. Elle est la première à obtenir une accréditation pour photographier les zones de combat et l'unique reporter étranger à assister à l'invasion nazie de Moscou, mais aussi la première femme à accompagner la flotte américaine durant les bombardements contre les Allemands. « Figer maintenant, réfléchir ensuite : l'Histoire sera juge », telle était la devise qu'elle se répétait pour trouver la force de tout photographier, en particulier les scènes les plus terribles. À la Libération, le cliché qu'elle fit des prisonniers de Buchenwald empoignant les barbelés, bouleversa le monde entier. « Ce fut presque un soulagement pour moi d'utiliser un appareil : une subtile barrière s'interposait entre moi et l'horreur que j'avais devant les yeux » racontera t-elle plus tard. Après la guerre, elle s'envole en Inde pour rencontrer Gandhi, qu'elle photographie peu avant son assassinat, puis assiste à ses obsèques, seule photo reporter admise avec Cartier-Bresson. Lorsque les tremblements de Parkinson commencèrent à perturber la précision de ses clichés, elle arrêta la photo, énième preuve de sa volonté de fer et de son honnêteté face aux limites du métier de photographe : « J'aime faire mon travail sans mentir. Mais j'ai appris que dire la vérité ne signifie pas dire toute la vérité ».

75 Margaret avec les soldats américains pendant la seconde guerre mondiale. À la fin des années 1930, la photographe américaine concentre son travail sur l'Europe pour témoigner, comme envoyée de la revue *Life*, de l'avancée du nazisme et du communisme ainsi que du de la guerre.

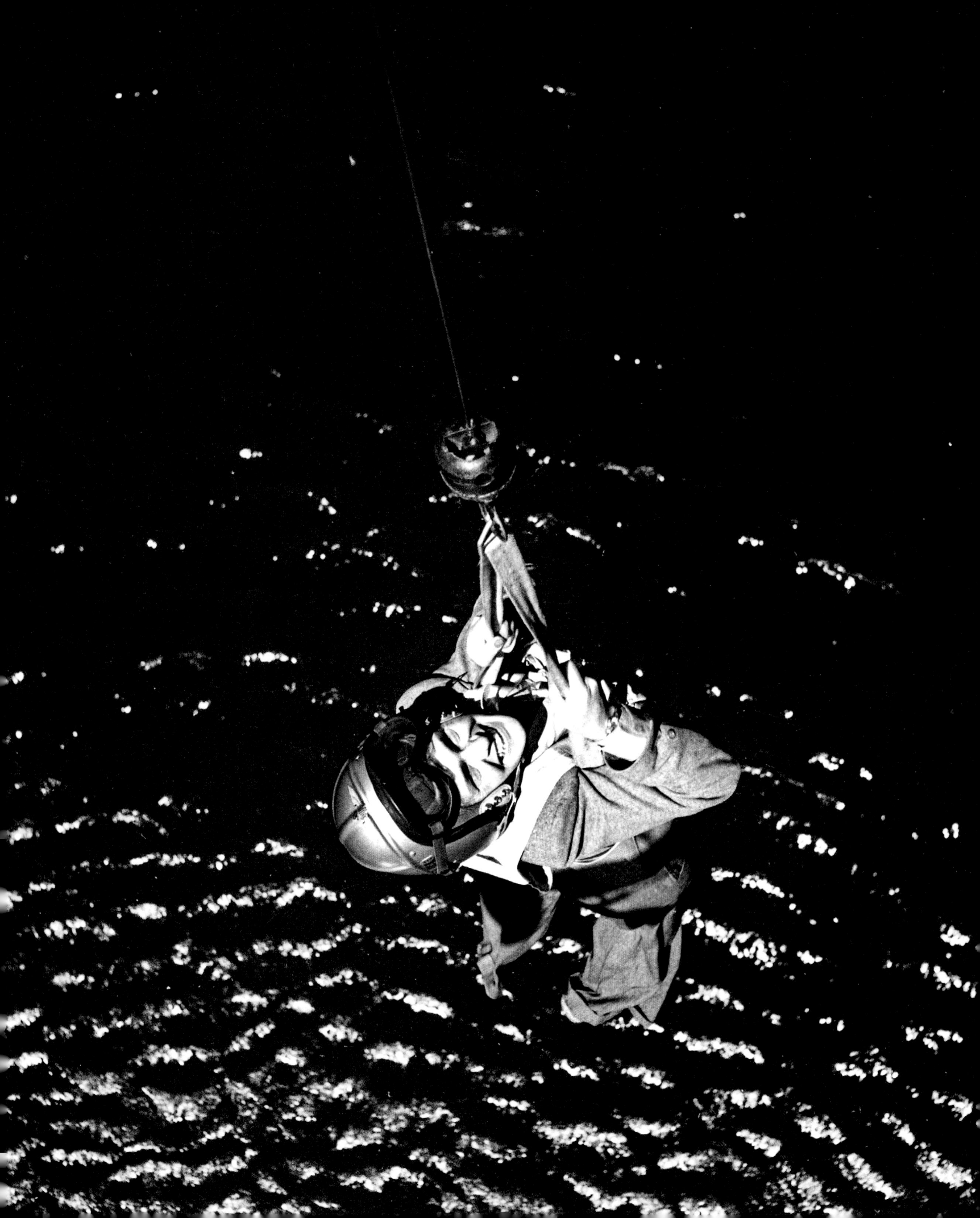

76 Margaret suspendue dans le vide par un hélicoptère pour suivre une action de sauvetage de la Marine américaine en 1951. Durant la guerre de Corée, l'année suivante, elle réalisera ce qu'elle définit comme sa photo préférée : le retour chez lui d'un dissident sud-coréen et de sa mère qui court l'embrasser. « Le mélange parfait d'humanité et de timing du photographe, capable de se trouver au bon endroit au bon moment ».

77 La photographe américaine devant l'avion qu'elle utilisa pour raconter l'attaque des Américains sur Tunis, en février 1943. Deux ans auparavant, elle réalisa le premier portrait officiel de Staline (« l'homme le plus impitoyable jamais rencontré », racontera-t-elle) et un reportage sur le bombardement aérien allemand sur Moscou, illustré par des images sensationnelles prises du toit de l'ambassade américaine.

Estée Lauder

1er juillet 1908, Queens, New York City, New York, États-Unis • 24 avril 2004, Manhattan, New York City, New York, États-Unis

Mère française, père tchécoslovaque et inventivité *made in USA*, Estée Lauder incarne le mythe américain. Partie de rien, la femme qui inventa l'échantillon fonda un empire de la cosmétique et fit de la philanthropie un engagement moral.

« Je n'ai jamais rêvé avoir du succès, j'ai travaillé pour l'obtenir ». Une maxime qui renferme l'essence même de la personnalité d'Estée Lauder, fondatrice d'un des empires de la cosmétique et unique femme de la liste établie par *Time* réunissant les vingt personnes du monde des affaires les plus influentes du XXe siècle. Une histoire de talent, de don pour les affaires et d'innovation, lorsqu'elle part de zéro en 1930 pour ouvrir son premier magasin, et gagne la confiance des femmes grâce à une technique de vente innovante, baptisée « *talk and touch* ». L'idée, simple mais géniale, consiste à promouvoir ses produits en les appliquant directement sur le visage des clientes, pour en prouver l'efficacité et les pousser à les acheter. Peu après, elle a un autre coup de génie : Saks Fifht Avenue, le grand magasin de luxe new-yorkais lui passe une commande pour 800 dollars de produits, épuisés en deux jours grâce au « *sample* », l'échantillon inventé par l'impétueuse Estée, offert pour l'achat de chaque produit comme « avant-goût » gratuit de ses nouvelles créations. En 1992, Estée Lauder Companies associe son nom à une des plus importantes œuvres de charité pour la lutte contre le cancer du sein, la campagne Ruban rose. « J'ai découvert que le nombre des victimes du sida correspondait à la moitié des femmes qui meurent d'un cancer du sein, et cela m'a incitée à agir car personne ne se faisait l'écho de ces femmes malgré le fait qu'elles soient doublement victimes », expliqua Estée Lauder dans une de ses dernières interviews, avant de s'éteindre à l'âge de 98 ans chez elle à Manhattan. Elle légua aux femmes une compagnie qui compte aujourd'hui 30 000 employés, un espoir de traiter le cancer et une de ses phrases les plus célèbres, à répéter chaque fois qu'on se regarde dans la glace : « Le plus beau visage au monde ? Le tien ».

Estée Lauder avec une cliente, en 1966. Elle forma un couple instable mais passionné avec son mari Joseph Lauder, compagnon de vie et associé en affaires. Ils divorcèrent en 1939, après la naissance de leur fils Leonard, pour se remarier trois ans plus tard et donner naissance à leur second enfant Ronald. Ils restèrent unis jusqu'à la mort de Joseph en 1982.

Joséphine Baker

Du ghetto de Saint Louis, elle débarque sur les Champs-Élysées et fait sa révolution en jupe banane. Elle se consacre plus tard à la lutte contre le racisme et adopte douze enfants de races et religions diverses, sa Tribu arc-en-ciel.

3 juin 1906, Saint Louis, Missouri, États-Unis • 12 avril 1975, Paris, France

Son nom évoque d'emblée l'image d'une vénus endiablée se déhanchant à coup de jupe banane au rythme du charleston. Prisonnière d'un cliché qui ne lui rend pas justice, la divine Joséphine Baker fut bien autre chose, un mélange explosif d'humour et d'engagement humanitaire, au cours d'une vie digne d'un roman dépassant toute imagination. Elle naît dans le ghetto de Saint Louis et part travailler à sept ans pour une famille de blancs qui a soin de lui rappeler chaque jour de « ne pas embrasser ses enfants ». Hors de ces murs, Joséphine remue son corps au rythme de la musique qui se propage aux quatre coins de l'Amérique et décide que la danse sera son passeport pour la liberté. Elle se donne d'abord en spectacle dans des bouges du Missouri, puis sur scène à Broadway pour apparaître, enfin, dans les décors Art déco des théâtres parisiens, des Champs-Élysées aux Folies Bergères. Elle arrive en France en 1925 avec la Revue nègre, un spectacle qui affiche tout de suite complet et qui fait d'elle la reine du Paris des Années folles. Sensuelle, solaire, belle, elle porte sa nudité comme une reine une robe de mariée. Son érotisme inné, allié à une intelligence pleine d'esprit, en fait taire plus d'un. « Qui a dit que j'étais nue ? C'est simple, je ne portais pas de vêtements. Cela ne revient pas au même ! ». Elle enchante les princes et les diplomates, les artistes et les écrivains. Les affiches de ses spectacles sont réalisées par Paul Colin ; E.M. Remarque (auteur d'*À l'ouest rien de nouveau*) raconte que Joséphine se fait porteuse « du souffle de la jungle, de la force et de la beauté sur les seins fatigués de la civilisation occidentale » ; Hemingway l'adore (« La femme la plus sensationnelle que j'ai jamais vue ») ; Georges Simenon ne quitte jamais le premier rang.

Joséphine Baker, en 1927, est à l'apogée de son succès parisien. À cette époque, elle déconcerte les critiques par de brillants aphorismes, comme « Je danse très bien mais mon ombre danse mieux que moi », et déambule sur les Champs-Élysées en compagnie de Chiquita, un léopard tenu en laisse qui l'accompagne dans ses spectacles, terrorisant les personnes installées aux terrasses des cafés.

Elle tombe amoureuse d'un gigolo qui devient son manager ; se marie trois fois mais devra attendre la quatrième pour trouver le grand amour, le chef d'orchestre Jo Bouillon. Lorsque la France est occupée, il lui faut changer d'air, sa peau brune n'est plus la bienvenue, mais en réalité, elle-même n'apprécie pas le traitement imposé par les nazis et se rebelle à sa façon. Elle chante pour la Croix rouge et les soldats du front et devient agent secret. Ses tournées internationales servent de télégraphe à la résistance, qui lui confie des messages codés dissimulés dans des partitions. Après la guerre, elle milite pour les droits des noirs aux côtés de Kennedy et de Martin Luther King.

82 Les costumes de scène de Joséphine Baker sont légendaires. Parfois vêtue de seules plumes, voire aucune, elle envoûte le public en se trémoussant au rythme de chansons comme *Yes, we have no bananas*, *Voulez-vous de la canne à sucre ?* et *La conga blicoti*, alliant le piquant des variétés françaises aux rythme de la musique africaine.

83 Acclamée en France, Joséphine Baker (ici en 1927) effectue plusieurs tournées aux États-Unis où les préjugés raciaux sont encore très ancrés. En 1951, à New York on lui interdit de dîner au Stork Club, où une jeune actrice prend sa défense : c'est Grace Kelly, qui lui sera une amie fidèle toute sa vie.

Elle donne des concerts gratuits, s'associe à des marques contre le racisme et tient des conférences partout où elle peut être entendue. Pour montrer que l'égalité n'est pas une utopie, elle adopte douze enfants de diverses races et religions et les emmène vivre dans un château. Mais Joséphine est dépensière et l'argent ne suffit jamais. Brigitte Bardot et Grace Kelly se mobilisent pour elle, et sa grande amie devenue princesse lui offre un refuge sur la Côte d'Azur. Elle est de retour sur scène à 68 ans mais meurt tout de suite après. Un immense cortège participe aux funérailles, retransmis à la télévision, en dernier hommage à la généreuse danseuse noire qui fut une femme aux milles couleurs.

84-85 Le 20 janvier 1930, Joséphine Baker distribue de la nourriture à Montmartre aux Parisiens dans le besoin. Son activité dans la Résistance et son engagement humanitaire après la guerre sont salués par le gouvernement français qui lui décerne les plus hautes distinctions : la Légion d'honneur et la Croix de guerre.

85 Joséphine et ses enfants adoptifs au château des Milandes, en Dordogne, où elle vécut avec sa Tribu arc-en-ciel et son mari Jo Bouillon. L'adoption de ces 12 enfants de nationalité et religion différentes fut sa manière de combattre le racisme et de prouver que le monde peut cohabiter dans la paix et l'harmonie.

Frida Kahlo

6 juillet 1907, Délégation Coyoacán, Ville de Mexico, Mexique • 13 juillet 1954, Délégation Coyoacán, Ville de Mexico, Mexique

Derrière son corps fragile se cachait un esprit insoumis. À coup de pinceaux, de passion et de révolution, elle a su transformer ses faiblesses en œuvres d'art tout en célébrant la beauté de l'imperfection.

« Dans ma vie, j'ai eu deux accidents : celui avec un tram et celui avec Diego. Ce dernier a été de loin le pire. » Cette phrase renferme toute la vie de Frida Kahlo, parfait résumé d'une existence marquée par une longue maladie et de grandes passions. Née avec la spina bifida (comme personne ne sait la diagnostiquer, elle est traitée comme une poliomyélite), à l'âge de 18 ans, alors qu'elle rentre de l'école, l'autobus sur lequel elle voyage entre en collision avec un tram. Un accident effroyable dont elle ressort miraculeusement vivante et à la suite duquel suite duquel elle subira 32 opérations. Clouée au lit, elle commence à peindre ses pieds qui dépassent des couvertures (« Des pieds, pourquoi donc si j'ai des ailes pour voler ? » confie-t-elle à son journal). Puis elle passe en revue le reste de son corps, en observant son reflet dans le grand miroir que ses parents installent sur le baldaquin de son lit. À ceux qui lui demandent pourquoi elle aime se peindre, Frida répond : « Parce que je suis celle qui me connaît le mieux et que je me suis souvent sentie seule ». Commence une longue série d'autoportraits, où elle apparaît vêtue des couleurs radieuses des costumes traditionnels mexicains, coiffée de tresses alambiquées, telle une reine. Dont le roi sera le peintre Diego Rivera, un des artistes latino-américains les plus acclamés, de vingt ans son aîné. Ils tombent follement amoureux, soutiennent ensemble la cause des travailleurs et des populations indigènes du Mexique, voyagent et fréquentent les grands intellectuels. Mais leur mariage se désagrège, miné par l'impossibilité de Frida et de son corps fragile d'avoir les enfants qu'elle souhaite désespérément, de même que par les infidélités de Diego qui atteignent leur summum lorsqu'elle le surprend avec sa sœur. Ils divorcent en 1939 et se remarient l'année suivante.

Fille d'un photographe allemand et d'une mexicaine, Frida a toujours affirmé être née le 7 juillet 1910, bien qu'en réalité elle ait vu le jour trois ans et un jour auparavant. Une coquetterie qui n'a rien à voir avec le désir de paraître plus jeune mais qui correspond à sa manière de se sentir « fille » de la révolution mexicaine, qui commença cette même année. Ici dans la Casa Azul de Coyoacán, autour de 1938.

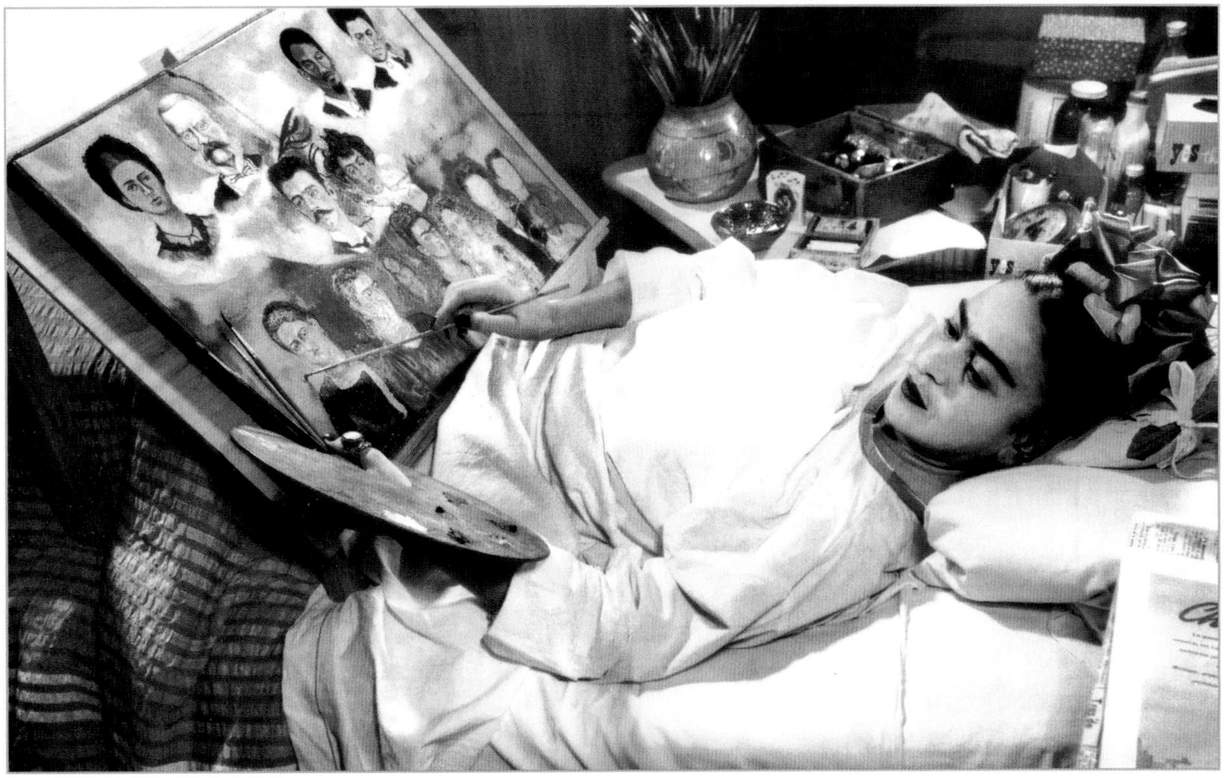

Désabusée, Frida joue le jeu de Diego, fascinant les hommes et les femmes, et vit des histoires passionnées avec Lev Trockij, le photographe Nickolas Muray, la photographe Tina Modotti et la chanteuse Chavela Vargas. Ses infidélités embrasent son art et la poussent à voyager et à faire la connaissance d'artistes comme André Breton qui l'invite à exposer ses peintures à Paris. Lorsque le Louvre se porte acquéreur d'un de ses autoportraits, célèbre, Frida n'a plus besoin d'un homme qui l'entretienne et l'encourage. Devenue une célébrité, à la fin des années 1940 elle voit sa santé empirer de jour en jour et, en, 1953, c'est allongée sur un lit qu'elle assistera au vernissage d'une exposition qui lui est consacrée à Mexico. La douleur l'assaille mais Frida ne cède pas et continue à peindre, jusqu'au bout, fidèle à sa devise qu'elle trace dans sa dernière œuvre en rouge sang sur la chair d'une pastèque : *Viva la vida!*

88 Premier plan de Frida. Ses traits, notamment ses épais sourcils, révèlent les origines maya de sa mère. Quant à sa couronne de tresses, elle deviendra le signe distinctif de l'artiste. Elle n'essaya jamais de corriger ses défauts, y compris la moustache qui recouvrait le dessus de sa lèvre supérieure : « La beauté et la laideur sont des mirages : ce que les autres finissent par voir est notre intériorité ».

89 Frida en 1952 tandis qu'elle peint allongée dans son lit *Ma famille*, une sorte d'arbre généalogique, resté inachevé. « Je ne suis pas malade, je suis cassée, je suis anéantie. Je ne suis heureuse que lorsque je peins » disait-elle. Elle mourra deux ans plus tard.

27 mai 1907, Springdale, Pennsylvanie, États-Unis • 14 avril 1964, Silver Spring, Maryland, États-Unis

Rachel Carson

En 1962, la publication du livre *Printemps silencieux* inspira la naissance du mouvement écologiste. C'est par la force des mots que son auteure, scientifique passionnée et fine plume, parvint à mobiliser le monde.

Le printemps est arrivé dans le jardin qui encercle la maison de Rachel Carson, dans le Maryland. Les arbres sont en fleurs mais un étrange silence plane : le gazouillis des hirondelles, le bourdonnement des insectes et le trépignement des petits rongeurs manquent à l'appel. Rachel réfléchit longuement à de tels changements et trouvera des réponses dans une recherche qu'elle publiera dans un livre destiné à changer non seulement son existence mais également celle d'une bonne partie de l'humanité. Elle l'intitule *Printemps silencieux*, en référence au silence anormal de la campagne, où l'usage massif d'insecticides est sur le point d'anéantir, au-delà des parasites, toute espèce animale. « Plus j'apprends de choses sur l'usage des pesticides, plus je m'inquiète » écrit-elle en expliquant la raison de ses recherches. « Tout ce qui était important pour moi, en tant que naturaliste, était maltraité ». Rachel avait appris à aimer la nature toute petite, en observant les plantes et les animaux dans la ferme familiale de Pennsylvanie où elle avait grandi en dévorant les livres illustrés de Beatrix Potter. Elle rêvait de devenir écrivain mais finit par se diplômer en zoologie, avant de se spécialiser en biologie marine et de travailler pour le gouvernement, devenant la seconde femme de l'Histoire à occuper une telle position. En 1962, *Printemps silencieux* sort en plusieurs parties dans le *New Yorker* puis est publié sous forme de livre. Le succès est immédiat et les réactions ne se font pas attendre. D'un côté l'ouvrage ouvre les yeux des américains et de l'autre il est férocement attaqué par les grandes industries chimiques et les politiciens. Accusée d'être « hystérique », « émotive », « alarmiste » et « peu scientifique », Rachel se retrouve même bassement dénigrée, car elle n'est pas mariée, par Ezra Taft Benson, ex-secrétaire du Département de l'agriculture américain qui se demande « comment une vieille fille peut s'intéresser d'aussi près à la génétique » et l'étiquette d'emblée comme « communiste probable ».

Rachel Carson photographiée par Alfred Eisenstaedt en 1962, l'année de la publication de *Printemps silencieux*. Après un long combat contre un cancer, Rachel Carson meurt en avril 1964, le même mois son livre est vendu à un million d'exemplaires.

 Bien qu'elle n'ait jamais écrit vouloir abolir les pesticides, le dispositif enclenché par la chercheuse est désormais imparable : le président Kennedy crée un comité scientifique pour évaluer les problèmatiques soulevées dans son livre et en 1972 Nixon interdit l'utilisation du DDT dans l'agriculture aux États-Unis.

Mais ce livre ne parle pas simplement des dommages causés par les pesticides, il aborde le problème de loin plus complexe du rapport de l'homme et de la nature, contestant l'idée d'un progrès scientifique sans limites ni obligations. C'est là qu'il fut fondamental pour la naissance du mouvement de défense de l'environnement. « Je pense qu'en tant qu'êtres humains nous sommes appelés à affronter le plus grand challenge de notre histoire », déclara Rachel dans un interview à la télévision américaine, un an avant de mourir, « à savoir, prouver la maturité et la capacité de l'homme à maîtriser non pas tant la nature que lui-même ».

93 Rachel Carson dans les bois près de chez elle, dans le Maryland. Mêlant sa passion pour l'écriture à ses compétences scientifiques, elle publia en 1941 son premier livre sur les merveilles de la vie des océans, *Under the sea wind: a naturalist's picture of ocean life*. Un succès extraordinaire qui figura pendant deux ans parmi les best-sellers, pour devenir par la suite un documentaire récompensé par un Oscar en 1953.

Simone de Beauvoir

Que signifie être une femme ? La réponse se résume à une phrase de Simone de Beauvoir qui a fait le tour du monde comme mot d'ordre du féminisme : « On ne naît pas femme, on le devient ».

Jeune fille déjà, Simone avait tout fait pour échapper à l'oppression imposée aux femmes de son époque. Elle avait refusé le mariage et la maternité pour ne jamais devoir dépendre d'un homme. Elle avait choisi de devenir écrivain pour mener ses batailles politiques à travers les pages de ses romans. Elle avait même décidé d'étudier à la Sorbonne pour devenir professeure et communiquer ses convictions. C'est d'ailleurs sur les bancs de l'université qu'elle avait rencontré, en 1929, le compagnon de sa vie, le philosophe Jean-Paul Sartre. Pour lui, Simone de Beauvoir avait quitté sa famille, devenant sa maîtresse à une condition : que chacun puisse vivre librement d'autres relations. Leur histoire, qui a pour décor le Saint-Germain-des-Prés d'après-guerre, était encensée comme le nouveau paradigme du couple moderne, soudé par l'intelligence, la littérature et la philosophie mais libre des contraintes de la monogamie et du mensonge. Dans une telle dimension égalitaire, Simone devenait de plus en plus consciente de pouvoir accéder au monde des hommes, leur savoir, leur écriture. L'ambition de vivre une existence de pionnière, en publiant des ouvrages retentissants comme ceux de son amant, se réalisa avec la publication, en 1949, d'une œuvre magistrale, *Le deuxième sexe*, destinée à changer le monde bien davantage que les livres de Sartre. L'arrivée de cet essai de mille pages dans l'histoire culturelle moderne fit l'effet d'une météorite.

9 janvier 1908, Paris, France • 14 avril 1986, Paris, France

Simone de Beauvoir en 1971. En 2008, le *prix Simone de Beauvoir pour la liberté des femmes* a été institué à l'occasion du centenaire de sa naissance. Il est attribué chaque année le jour de son anniversaire à ceux qui défendent et participent à l'émancipation du chemin des femmes vers la liberté.

Réfutant une tradition philosophique millénaire, l'auteure révolutionne l'idée selon laquelle l'obéissance, la fidélité et le silence sont des vertus typiquement féminines. Son analyse de l'avortement, du mariage, de l'anatomie féminine et de la maternité soulevait des thèmes jusqu'alors jamais aussi ouvertement affrontés, au point d'être mise à l'Index par le Vatican. Ses romans remportèrent de nombreux succès et elle se fit la grande défenseuse du féminisme durant les manifestations étudiantes de 1968, sans jamais cesser de s'intéresser à des questions considérées comme licencieuses pour l'époque, comme la négation de Dieu, la vieillesse et la mort. Elle exprimait clairement son athéisme à travers des expressions telles que : « Dieu est une idée abstraite et un soir je l'ai effacée », tandis qu'*Une mort très douce*, écrit en 1964, affrontait le thème de la fin de vie à travers un récit intense et émouvant dédié à sa mère. En 1981 paraît *La cérémonie des adieux,* dernière grande œuvre littéraire de Beauvoir qui cherche le réconfort dans les mots pour surmonter le chagrin causé par la mort de Sartre. Elle disparaissait six ans plus tard, léguant aux femmes la clé pour ouvrir les cages dont elles étaient prisonnières et une immense liberté : celle de choisir d'être avec ou contre elle.

Simone chez elle à Paris. En 1943 elle avait publié son premier roman, *L'invitée,* le récit romancé du ménage à trois qu'elle formait avec Sartre et une étudiante de ce dernier. D'autres succès suivront comme *Le sang des autres en* 1945, *Les mandarins* en 1954 et *Mémoires d'une jeune fille rangée* en 1958.

Rita Levi-Montalcini

À trois ans elle avait déjà décidé qu'elle ne se marierait jamais pour consacrer sa très longue vie à la science. En 1986, elle gagna le prix Nobel de médecine, mais elle disait d'elle-même : « J'ai une intelligence médiocre. Mon seul mérite c'est le travail ».

Elle avait un sourire d'une grande douceur mais une trempe d'acier. Lorsque son père s'opposa à son entrée à l'université, elle s'obstina et réussit à s'inscrire en médecine. Quand le régime fasciste l'expulsa de l'Athénée de Turin du fait de ses origines juives, elle mit en place un laboratoire chez elle pour ne pas interrompre ses recherches. À la fin de la guerre, elle jouissait d'un tel prestige que l'université de Saint Louis l'invita à passer un semestre aux États-Unis. Ces six mois durèrent 26 ans, passés sur des recherches qui aboutirent à des résultats toujours plus prometteurs. En isolant au début des années 1950 le NGF (*Nerve Growth Factor*, le facteur de croissance des nerfs) dans son laboratoire de Saint Louis, Rita Levi-Montalcini commence a comprendre comment un être vivant naissant d'une seule et unique cellule peut petit à petit prendre la forme d'une architecture composée d'une dizaine de tissus divers. En attribuant trente ans plus tard le prix Nobel à Rita et à son collègue Stanley Cohen, le Comité déclarera « la découverte du NGF est l'exemple à travers lequel un observateur pointu peut élaborer un concept à partir d'un chaos apparent ». Féministe convaincue, Rita Montalcini milita durant les campagnes pour la légalisation de l'avortement et la lutte pour l'égalité des sexes dans la recherche. Mais elle ne perdit jamais sa grâce féminine, veillant à accompagner ses articles scientifiques d'illustrations tout aussi élégantes que les vêtements qu'elle aimait dessiner pour elle. Toujours à l'écoute de son cœur, et pas de sa seule raison, elle déclara « tout le monde affirme que le cerveau est l'organe le plus complexe du corps humain, en tant que médecin je pourrais même être d'accord. Mais en tant que femme, je vous assure que rien n'est plus complexe que le cœur. Aujourd'hui encore nous n'en connaissons toujours pas les mécanismes ».

En 1992, Rita Levi-Montalcini créa à Rome, avec sa sœur jumelle Paola, la fondation qui porte son nom pour favoriser l'entrée des jeunes dans le monde de la recherche et attribuer des bourses d'études à des femmes africaines afin d'améliorer leur rôle sur leur continent. Cohérente avec son engagement, elle utilisa le revenu de son Nobel pour aider les jeunes étudiants en neurobiologie.

22 avril 1909, Turin, Italie • 30 décembre 2012, Rome, Italie

26 août 1910, Skopje, République de Macédoine • 5 septembre 1997, Calcutta, Inde

Mère Teresa

Petite comme un « crayon entre les mains de Dieu », Mère Teresa avait la force d'un géant. Elle a consacré sa vie aux pauvres, en proie à une profonde crise religieuse qui ne l'a pas empêchée de devenir sainte.

À l'occasion du gala de remise du Nobel de la paix en 1979, elle s'était présentée, parmi les smokings et les robes de soirée, en sari de coton et sandales. Elle était radieuse, non tant pour le prix en question mais à cause du chèque d'un million de dollars qu'elle allait recevoir, et auquel s'ajoutaient les fonds destinés au traditionnel banquet donné en son honneur, qu'elle avait d'emblée fait annuler pour destiner l'argent aux pauvres, jusqu'au dernier centime. Cet élan vers les plus démunis lui venait instinctivement du cœur et remontait à son enfance dans les Balkans, lorsqu'elle portait encore le nom d'Anjeza Gonxha Bojaxhi, « Bouton de fleur ». Suite aux récits des missionnaires jésuites du Bengale que, petite, elle adorait, elle avait prononcé ses vœux et terminé son noviciat à Darjeeling, aux pieds de l'Himalaya, puis choisi le nom de la mystique Thérèse de Lisieux, humble sainte par excellence. Destinée à diriger un collège catholique à Entally, près de Calcutta, chaque jour elle posait son regard sur les lépreux et les malades agonisants des bidonvilles. En 1948, elle obtint du Vatican la permission de quitter son ordre et de s'établir seule parmi les marginaux. Une formation de médecine en poche, elle fut prête à commencer sa nouvelle vie dans une cabane, autour de laquelle se rassembla une communauté de sœurs qui, en 1950, devint officiellement la congrégation des Missionnaires de la Charité, vêtues d'un sari aux couleurs des parias, la caste la plus pauvre d'Inde. « Nous savons bien que ce que nous faisons n'est qu'une goutte dans l'océan. Mais si cette goute n'existait pas, elle manquerait à l'océan » expliquait-elle tandis qu'elle tendait la main en mendiant de la nourriture et des médicaments pour les enfants malades.

Outre le Nobel, Mère Teresa reçut un nombre impressionnant de récompenses, dont la Médaille de la liberté du président des États-Unis, remise par Ronald Reagan en 1985. Sa congrégation compte aujourd'hui 6 000 sœurs dans 130 pays, auxquelles viennent s'ajouter d'autres congrégations de religieux des Missionnaires de la Charité.

Elle partit d'une somme de cinq roupies, pour arriver à des offrandes et donations qui atteindront des chiffres à neuf zéros, révélant des dons de manager charismatique qui en faisaient grimacer certains, jugeant excessives son exposition médiatique et ses amitiés avec des personnages discutables et des célébrités. Son immense popularité augmenta davantage après sa mort, accélérant les délais de sa canonisation : béatifiée six ans après sa disparition, Mère Teresa est proclamée sainte en 2016, malgré une profonde crise de foi rendue publique lors de la publication de ses lettres à ses confesseurs. Miséricordieuse mais intransigeante, œcuménique mais dogmatique (ses campagnes contre l'avortement et le divorce sont célèbres), par ses contradictions Mère Teresa a incarné comme peu d'autres les valeurs et l'esprit les plus authentiques de la foi chrétienne, consacrant toute son existence aux « plus pauvres des pauvres ».

102 Mère Teresa parmi les pauvres de Calcutta, en 1979. Elle crée pour eux en 1952 la maison Kalighat (ou *Nirmal Hriday*, maison des « cœurs purs »), réalisée dans un immeuble abandonné près du temple de la déesse Kali, où les malades incurables, refusés par les hôpitaux, trouvaient un endroit où mourir avec dignité selon les rites de leur religion.

En 1955, Mère Teresa ouvre la Maison d'enfants (ou *Nirmala Shishu Bhavan*) ; en 1961 naît la grande léproserie *Shanti Nagar* (« Ville de la paix »).Le gouvernement fit don du terrain tandis que les premiers lotissements furent indirectement payés par le pape Paul VI, qui céda à la sainte une Limousine qu'elle s'empressa de vendre pour en tirer la somme nécessaire à la construction de la nouvelle structure.

WAPX
1600 ON YOUR DIAL

Rosa Parks

4 février 1913, Tuskegee, Alabama, États-Unis • 24 octobre 2005, Détroit, Michigan, États-Unis

« C'est en restant assise qu'elle s'est levée pour défendre les droits de tous et la dignité de l'Amérique » déclara le président américain Bill Clinton, en remettant la Médaille d'or du Congrès à la couturière de l'Alabama qui déclencha une révolution à partir d'un siège d'autobus.

Par une froide soirée de décembre 1955 en Alabama, Rosa Parks monte dans le bus qui la ramène chaque soir chez elle après le travail. Peu à peu, le bus se remplit et lorsque des passagers blancs se retrouvent sans place, le conducteur demande à Rosa, assise au premier rang des sièges réservés aux afro-américains, de leur céder sa place. Elle refuse. Elle n'était ni âgée, ni fatiguée mais en avait assez de subir. Et avec ce petit geste de rébellion, qui la portera directement en prison, elle provoquera l'étincelle qui déclenchera un changement historique. Le soir même, Martin Luther King et une dizaine de chefs de la communauté afro-américaine décident le boycott des transports publics du comté, qui durera 381 jours d'affilée, et demandent l'abolition de cette loi odieuse et discriminatoire qui limite la liberté, car elle va jusqu'à interdire de s'asseoir dans un autobus. La protestation provoqua une large crise au sein de la société des transports urbains, les noirs constituant la majorité des usagers et le principal financement de la compagnie, mais elle atteint son apogée lorsqu'elle obtient le soutien des chauffeurs de taxi qui alignèrent leur tarif sur le prix du billet de bus. Le 13 novembre 1956, la Cour suprême des États-Unis déclare inconstitutionnelle et illégale la ségrégation raciale dans les moyens de transport publics. La bataille fut remportée et l'épisode de l'autobus entra dans l'Histoire. Mais qui était cette femme si courageuse, capable de déclencher une révolution avec un simple « non » ? Au moment où elle refusa de céder sa place, Rosa Louise McCauley Parks avait déjà commencé à se battre contre la ségrégation.

Deux avant la mort de Rosa Parks, le fameux autobus fut retrouvé et restauré. Le premier président afro-américain des États-Unis, Barack Obama, a tenu en 2012 à se faire photographier à la place de Rosa dans ce célèbre bus, aujourd'hui conservé au musée Henry Ford, près de Détroit.

Rosa Parks

Elle avait commencé à militer en 1943 en adhérant au Mouvement pour les droits civils et en devenant la secrétaire de la section de Montgomery de la *National Association for the Advancement of Colored People*. Après son arrestation, elle devint le porte-drapeau de la lutte pour l'égalité, bien que son geste lui ait coûté son poste dans un grand magasin où elle travaillait comme couturière. Après plusieurs emplois précaires, elle fut embauchée en 1965 comme secrétaire d'un membre du Congrès, John Conyers. « Je veux qu'on se souvienne de moi comme de quelqu'un qui avait à cœur la liberté, l'égalité, la justice et la prospérité de toutes les personnes » expliqua t-elle à l'âge de 77 ans. Elle fut bien plus. Elle a inspiré des livres, des chansons, des films, et ce fatidique 1er décembre est devenu la date symbole de la lutte contre le racisme et la discrimination.

106 La femme vêtue d'un manteau noir est Rosa Parks qui attend de monter dans le bus. À l'époque, en Alabama, le règlement prévoyait qu'après avoir payé leur billet les usagers de couleur descendent du bus pour remonter par la porte arrière, mais parfois le bus partait sans eux et les femmes étaient maltraitées.

107 Rosa McCauley Parks au moment de son arrestation, le 1er décembre 1955. Elle fut libérée le soir même grâce à la caution payée par un avocat contre le racisme, Clifford Durr. Depuis toujours active dans les mouvements contre la ségrégation en Alabama, elle fonda en février 1987 le *Rosa and Raymond Parks Institute for Self Development*.

19 novembre 1917, Allahabad, Inde • 31 octobre 1984, New Delhi, Inde

Indira Gandhi

Pour la première fois en Inde, le 19 janvier 1966, une femme était nommée Première ministre. À partir de ce moment, Indira consacra sa vie au service de la nation. Et prouva à son peuple que, même en sari, elle savait très bien commander.

Indira avait la politique dans le sang. Son grand-père, Motilal Nehru, avait été un proche collaborateur du Mahatma et lui avait expliqué un principe fondamental : « Il existe deux types de personnes : celles qui font le travail et celles qui s'en attribuent le mérite. Il me conseilla de faire partie du premier groupe, là où il y aura toujours moins de compétition. » Plus importante fut l'influence de son père, Jawaharlal Nehru, Premier ministre et symbole de l'Inde moderne. Enfant, Indira le suit comme une ombre, souvent à ses côtés lors de ses voyages à l'étranger, où elle s'imprègne des secrets de la diplomatie internationale en observant, silencieuse, les rencontres qui vont décider du sort du monde. Elle l'admire énormément mais, de nature rebelle, supporte aussi peu le poids de son milieu familial que celui des traditions indiennes. Elle part étudier à Oxford (d'où elle est expulsée pour mauvaise conduite) et, en 1942, épouse l'avocat Feroze Gandhi, qui n'a aucun lien de parenté avec le Mahatma mais lui offre son nom légendaire. Durant les premières années de mariage, Indira s'éloigne de la politique pour élever ses deux fils chéris, Sanjay et Rajiv, mais à la mort de son père, tout change : le pays est à la dérive et il lui faut en prendre les rênes. Lorsqu'elle est élue Première ministre en 1966, l'Inde devient le second pays de l'Histoire, après le Sri Lanka de Bandaranaike, à être gouverné par une femme. Indira part à la conquête de la politique nationale où elle s'impose fermement et remporte haut la main les élections en 1967 et en 1971. Cette année là, le pays sort victorieux de la guerre contre le Pakistan et New Delhi devient une puissance internationale. Surnommée la Dame de fer de l'Inde, elle revendique avec fierté la force du rôle de la femme, affirmant que « les hommes continueront à ignorer leur véritable nature tant qu'ils ne laisseront les femmes exprimer leur propre personnalité ».

Indira Gandhi en automne 1984, quelques semaines avant son assassinat. De retour d'une campagne électorale dans l'Orissa, peu avant l'attentat, elle avait conclu son discours par ces mots : « Je n'ai pas l'ambition de vivre longtemps mais je suis fière de mettre ma vie au service de la nation. Si je devais mourir aujourd'hui, chaque goutte de mon sang rendrait l'Inde plus forte ».

Mais la fermeté ne suffit pas à sauver un pays secoué par une forte crise économique, suivie de mouvements de grève, et, lorsqu'elle sent la situation lui échapper, Indira adopte des méthodes autoritaires, loin de la tradition démocratique que son père lui a enseignée. Contrainte à de nouvelles élections, elle sort perdante, et se retrouve même emprisonnée, mais se relève pour reprendre le pouvoir trois ans plus tard. Elle dira de cette période turbulente que « seuls les forts sont capables de pardon. Les faibles ne savent ni pardonner ni punir ». Mais le destin emporte son fils préféré : destiné à lui succéder, Sanjay meurt en 1980 dans un accident d'avion. Rajiv doit se préparer à prendre place aux côtés de sa mère, à l'apogée de sa carrière politique, respectée dans le monde entier comme un grand leader. La paix dure peu de temps : quatre ans plus tard, elle envoie les chars réprimer une révolte à Amritsar, la ville sainte des Sikhs, dont les représailles ne se font pas attendre. Le 31 octobre 1984 Indira Gandhi est assassinée par deux gardes du corps. Quelques heures auparavant, il lui avait été conseillé d'exclure les Sikhs de son service d'ordre, mais elle avait répondu « comment prétendre faire de l'Inde un état laïque, si nous choisissons les gens sur la base de leur communauté ? » Une confiance qui, loin d'être récompensée, sera le faux pas qu'elle paiera de sa vie.

110 Le mariage d'Indira et de Feroze Gandhi fut très mal vu. Il était parsi, elle hindoue, et à l'époque les mariages mixtes étaient insolites, tout comme les unions qui ne résultaient pas d'un arrangement entre les familles. Ici Indira vers 1960.

111 La célébration de sa victoire aux élections en 1980. Très précoce, Indira avait fait ses premiers pas en politique à l'âge de 13 ans, en fondant la *Monkey Brigade*, composée de six mille petits guerriers pour l'indépendance indienne qui, sous sa direction, se faisaient les messagers des dissidents et attaquaient les casernes anglaises.

Evita Perón

7 mai 1919, Los Toldos, Argentine • 26 juillet 1952, Buenos Aires, Argentine

Cette *first lady*, au passé digne de Cendrillon, changea pour toujours la façon de communiquer avec le peuple. Une vie brève et controversée, à coups d'élans généreux et de sentiments contrastants, sur fond de musical hollywoodien.

Au mois de février 1946, l'Argentine vient d'élire son nouveau président mais, lorsque Juan Domingo Perón apparaît au balcon présidentiel de la Casa Rosada de Buenos Aires, tous les yeux sont rivés sur cette belle femme blonde à ses côtés qui salue la foule avec l'élégance d'une reine. Eva Maria Duarte, plus connue comme Evita, enchante la foule avec son sourire de star hollywoodienne, ses coiffures sophistiquées et ses robes Christian Dior. Mais elle n'en oublie pas pour autant ses origines misérables et les humiliations subies, petite, lorsqu'elle n'était que la fille illégitime d'un petit propriétaire terrien de la Pampa. Avec un tel charisme, elle parvient à transformer ces années de souffrance en un puissant soutien au populisme flamboyant de son mari. « Je n'ai qu'une ambition, que le jour où on écrira le chapitre merveilleux de l'histoire de Perón, on dise de moi : une femme à ses côtés s'est engagée à lui transmettre les espoirs d'un peuple. On sait seulement que ce peuple l'appelait avec amour : Evita », confia t-elle un jour. Lorsqu'ils se rencontrent il n'est que sous-secrétaire du Ministère du travail. Il a 24 ans de plus qu'elle mais, grâce à son charme, il conquiert immédiatement Eva. Ils se marient et, deux ans plus tard, la jeune paria devient une *first lady* révolutionnaire, intervenant dans la politique de son mari comme porte-parole des pauvres et des femmes. On lui doit la loi pour le droit de vote des femmes, approuvée par le Parlement en septembre 1947, mais aussi l'ouverture de nouvelles écoles et des premières colonies de vacances pour les plus démunis, sans oublier la construction de Ciudad Evita, avec des milliers de logements assignés aux personnes dans le besoin ainsi que la Republica de los Niños qui aurait inspiré à Walt Disney la création de Disney World.

Evita Perón fut une icône de style. Toutes les argentines veulent lui ressembler : elles se teignent les cheveux en blond, adoptent ses chignons sophistiqués et ses tailleurs. Evita soignait son image dans le détail et visionnait dans une salle de projection privée les films de ses discours afin de corriger certains gestes et paroles pour être mieux préparée aux prochaines occasions.

114 Eva et son mari Juan Domingo Perón à l'Opera de Buenos Aires en 1949. Le théâtre était la grande passion d'Evita, qui rêvait de devenir actrice lorsqu'elle quitta le toit familial à 15 ans pour partir tenter sa chance. Grâce à sa puissante voix, elle commence en 1939 à travailler à la radio comme actrice dramatique. Peu de temps après, elle rencontre l'homme qui allait devenir son mari.

Evita devient la « Madone des *descamisados* », des pauvres, mais elle le fait à sa façon, entre rassemblements populaires et réceptions, générosité et glamour. Elle se présente aux œuvres de charité en tenue de gala, en fourrure et vêtements de haute couture qu'elle fait venir d'Europe, affichant une image luxueuse et soignée afin que le peuple voie en elle la preuve vivante que tout le monde peut évoluer dans l'échelle sociale. « Je possède une seule et unique chose de valeur, elle est dans mon cœur, me brûle l'âme, affecte ma chair, embrase mes nerfs : c'est l'amour pour ce peuple et pour Perón. [...] Si mon peuple exigeait de moi la vie, je la lui donnerais en chantant, car le bonheur d'un seul *descamisado* vaut plus que toute ma vie ». L'annonce de sa mort précoce, à l'âge de 33 ans, plonge la nation toute entière dans une profonde désolation, faisant d'elle un mythe. L'histoire d'Evita se transforme immédiatement en fable moderne, immortalisée par le cinéma et les musicals, la consacrant définitivement à l'imaginaire collectif universel.

115 Après avoir obtenu le droit de vote pour les femmes, Evita fonde le Parti péroniste féminin, un de ses plus importants combats dans un pays encore profondément sexiste comme l'Argentine de l'époque. Ici, durant un rassemblement, en août 1951.

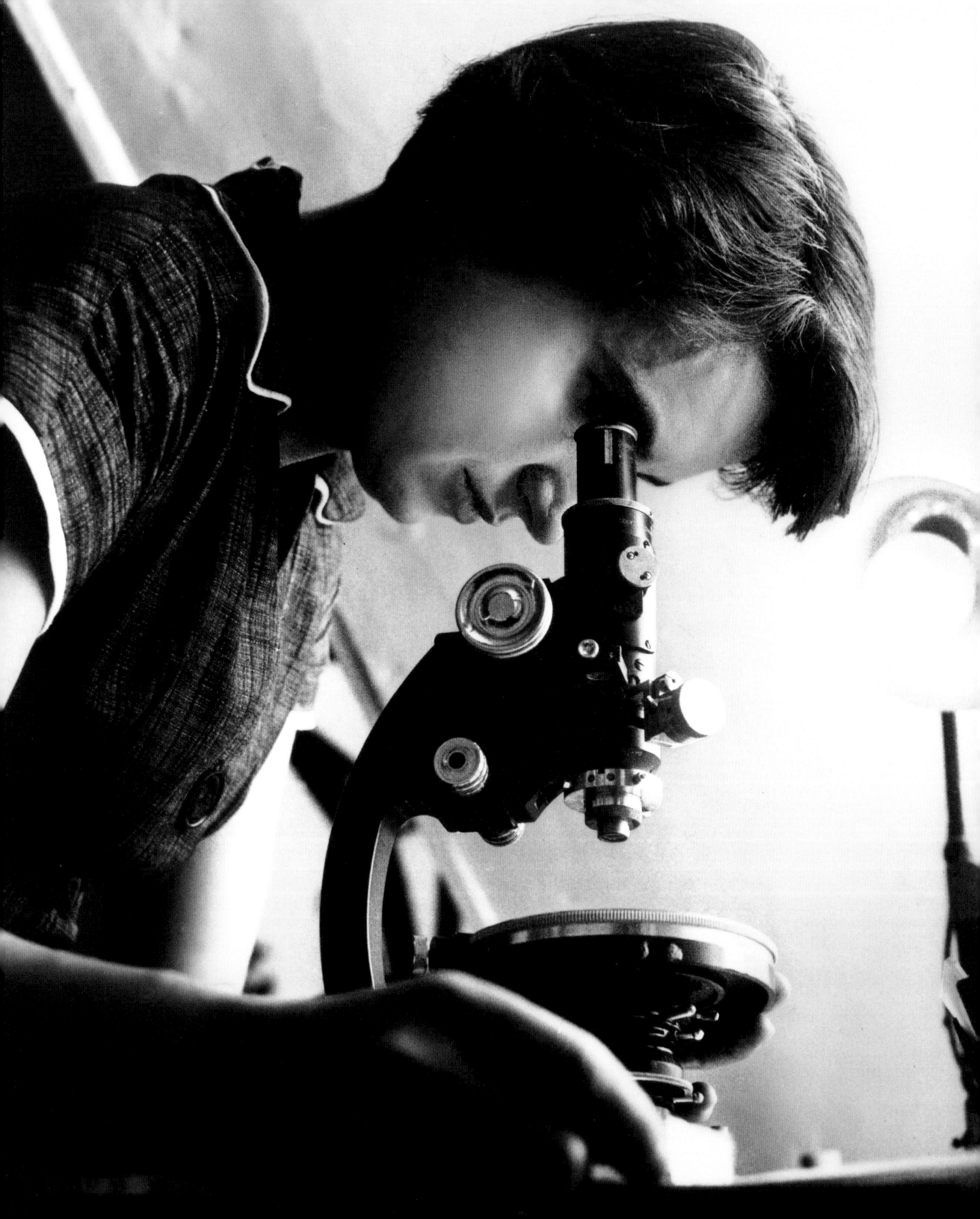

Rosalind Franklin

Fille unique d'une famille de la bonne bourgeoisie londonienne, elle avait la détermination d'un homme. Mais c'était une femme et elle devint l'héroïne manquée de la découverte de l'ADN.

Lors de la remise du prix Nobel pour la découverte de la structure de l'ADN, en 1963, il manquait un vainqueur sur le podium : la chercheuse Rosalind Franklin. C'est à elle qu'on doit les photographies aux rayons X de la double hélice qui permirent de consolider les hypothèses scientifiques de l'époque. Durant la cérémonie personne ne mentionna son nom, et elle ne put faire valoir un tel mérite puisqu'elle était décédée d'un cancer cinq ans plus tôt, emportée par ces mêmes radiations absorbées massivement durant ses expériences. Le mérite de cette découverte révolutionnaire revint donc à deux hommes, Francis Crick et James Watson, qui publièrent leur étude dans *Nature*, en citant brièvement Rosalind Franklin dans leurs notes. Le rôle de cette jeune femme avait pourtant été déterminant. Cette enfant particulièrement brillante avait étudié à Cambridge avant d'entrer au laboratoire du King's College de Londres, où la compétition était rude et où personne ne voyait d'un bon œil la présence d'une jeune chercheuse qui travaillait en toute indépendance. *Gènes*, *génome* et *hérédité* commençaient à percer dans le vocabulaire commun et la communauté scientifique s'agitait autour d'une nouvelle théorie, mise au point par Linus Pauling, futur Nobel de chimie, et par Robert Corey. Une hypothèse évoquant « une hélice formée de trois filaments et de phosphates au centre », dont personne n'avait encore réussi en démontrer l'existence, mais tôt ou tard quelqu'un l'aurait fait. Rosalind parvint à la photographier mais commit l'erreur d'en parler à Watson, qui publia avant elle les résultats et s'en attribua la paternité. Son histoire, révélée de nombreuses années plus tard seulement, fut retentissante, et nous rappelle que Rosalind est une des chercheuses à qui le Nobel ne fut attribué pour le simple fait que c'était une femme, cristallisée dans un rôle qui ne rend pas justice à ses mérites et risque de faire perdre de vue les brillants résultats qu'elle a obtenu au cours de sa courte vie.

25 juillet 1920, Londres, Royaume-Uni • 16 avril 1958, Londres, Royaume-Uni

L'œil fixé sur le microscope, Rosalind Franklin au cours de ses recherches en 1955. Trois ans plus tôt, en mai 1952, elle était parvenue à obtenir des photos particulièrement claires et, notamment, à saisir l'image qui marquera l'Histoire, la célèbre « photo 51 », de la structure à double hélice de l'ADN.

13 octobre 1925, Grantham, Royaume-Uni • 8 avril 2013, Westminster, Royaume-Uni

Margaret Thatcher

Une vie en première ligne, toujours fidèle à son surnom de Dame de fer. Elle a dirigé le Royaume-Uni de 1979 à 1990 avec le pragmatisme qu'on lui connaît. « En politique, si vous voulez des discours, demandez à un homme. Si vous voulez des actes, demandez à une femme ».

On avait déjà compris à qui on avait affaire lorsqu'à neuf ans, lors de la remise d'un prix scolaire, elle avait précisé « ce n'est pas une question de chance mais de mérite ». Une phrase qui résumait à elle seule la trempe de cette Dame de fer, surnom historique créé pour elle par un journalite russe, associant sa fermeté à celle du chancelier de fer, Otto Bismark. Ce qualificatif lui allait à merveille. Elle avait affronté le déclin économique et le terrorisme, jugulé le hooliganisme et fait plier la résistance des mineurs, sans jamais s'émouvoir, pas même devant les sarcasmes et parodies dont elle était constamment la cible. Une véritable guerrière qui, en guise d'armure, aimait porter des tailleurs aux couleurs vives, dans les tonalités bleu et violet, qu'elle illuminait d'un collier de perles, la touche finale de son uniforme. «Je peux tout changer sauf les perles. C'est un cadeau de mariage de mon mari » disait-elle pour justifier la seule coquetterie qu'elle concédait à sa sobriété habituelle. Bien avant d'être à la tête du gouvernement britannique, elle avait fait ses débuts en politique comme présidente de la *Oxford University Conservative Association*, aux temps de l'université. Elle y avait pris goût et, en 1950, s'était portée candidate sous la bannière du parti conservateur pour un siège de député à Dartford. Malgré un échec, elle était devenue populaire au Royaume-Uni pour avoir été le plus jeune candidat de ce parti. L'année suivante elle épouse Thatcher, un riche homme d'affaires avec lequel elle aura deux jumeaux, Carol et Mark. En 1970, elle obtient son premier poste officiel comme ministre de l'Éducation mais sa première mesure adoptée fut un échec.

Margaret Hilda Roberts était la fille du propriétaire de deux épiceries à Grantham, une petite ville du Lincolnshire. Grâce à une bourse d'études, elle part étudier à Oxford et se diplôme en chimie. De 1947 à 1951, elle se consacre à la recherche en travaillant aux côtés de Dorothy Hodgkin, la chercheuse qui, en 1964, remporta le prix Nobel de chimie. À gauche, un portrait datant de 1979.

120 Le 4 mai 1979, à Londres, Margaret Thatcher son élection de Première ministre dans Flood Street, à Chelsea. Elle prend le poste qu'avait occupé James Callaghan les trois années précédentes, tandis que John Major lui succèdera jusqu'en 1997.

Chargée de réduire les dépenses, elle choisit d'abolir le lait gratuit dans les écoles et se retrouve immédiatement cataloguée comme « *Thatcher, the milk snatcher* », la voleuse de lait, un épisode dont elle dira plus tard : « J'ai reçu une précieuse leçon. J'ai obtenu le maximum de haine politique pour un minimum de bénéfice politique ». Elle fit trésor de son expérience et sa carrière décolla jusqu'en 1979, où elle fut nommée Première ministre. « Là où règne la discorde, apportons l'harmonie. Là où est l'erreur, apportons la vérité. Là où il y a le doute, apportons la foi. Là où domine le désespoir, apportons l'espoir », déclara t-elle immédiatement après, en s'inspirant des paroles de Saint François. Photographiée devant le 10, Downing Street, dans son chemisier à fleurs et son immanquable veste de tailleur bleu pivoine, elle était déjà entrée dans l'Histoire comme la première femme du Royaume-Uni occupant ce poste. Durant son long mandat, renouvelé à trois reprises (1979, 1983, 1987), Margaret fera preuve d'une grande fermeté.

121 Margaret Thatcher durant un sommet avec des chefs d'États, en 1984. La Dame de fer était parvenue à rompre le plafond de verre en obtenant un rôle de premier plan et en occupant une position de leader auprès des grands de ce monde, tous des hommes. Elle déclarera : « Être puissant, c'est comme être une femme. Si vous devez dire que vous l'êtes, vous ne l'êtes pas ».

Objet de nombreuses critiques, aussi bien de la part des travaillistes que des conservateurs, elle a toujours refusé de modifier ses politiques et de faire marche arrière, y compris sur des positions particulièrement impopulaires. Elle engaga le pays et gagna la guerre des Malouines, s'attira la haine de la *working class*, réprima les hooligans, ces terribles supporters anglais semant la terreur dans les stades chaque dimanche et fut victime d'un attentat de la part des terroristes républicains irlandais de l'IRA, dont elle sortit indemne. La politique était sa vie, le Parlement sa demeure. « Chez vous, c'est l'endroit où vous allez quand vous n'avez rien d'autre à faire » déclara t-elle lorsqu'elle démissionna de son poste de Première ministre en 1991. Elle quitta son armure et fondit en larmes au moment de refermer derrière elle, après 11 ans, la porte de Downing Street pour monter dans une berline qui l'emmena loin des projecteurs.

Élisabeth II

Elle n'était pas destinée à accéder au trône, pourtant elle est devenue *The Queen,* le symbole inoxydable de la monarchie britannique. Elle fut fidèle au protocole et à la sobriété, à la tradition et à la discrétion, malgré un règne marqué par des scandales familiaux dignes d'un *soap opera*.

« Je déclare devant vous tous que toute ma vie, longue ou brève, sera consacrée à votre service et au service de notre grande famille impériale à laquelle nous appartenons tous » déclara-t-elle à la radio anglaise, lors d'une de ses premières visites officielles. Pas de doute, Élisabeth a maintenu sa promesse. Pragmatique, posée, dotée d'un caractère d'acier, le *self control* et le respect de l'étiquette faisaient partie de son éducation depuis l'enfance, bien qu'elle ne fût pas destinée à devenir reine. Elle n'était que l'aînée du duc d'York, Albert, second dans l'ordre de succession après son frère Édouard, jusqu'en 1963, quand le futur roi abdiqua pour épouser Wallis Simpson, ébranlant l'opinion public et la vie d'Élisabeth. À dix ans « Lilibet », comme on la surnommait en famille, devint d'un jour à l'autre l'héritière du trône d'Angleterre. Sa nomination même advint de façon improvisée. Elle se trouvait au Kenya au Treetops Hotel, un hôtel suspendu dans les arbres, lorsque la mort de son père, le roi Georges VI, fit d'elle une des plus jeunes souveraines de l'Histoire. « Pour la première fois, une jeune fille est montée dans un arbre en princesse un jour pour en redescendre en reine le lendemain. Que Dieu la bénisse », témoigna le fameux footballeur anglais Jim Corbett dans le registre de l'hôtel en souvenir de cet évènement historique. Elle n'avait que 25 ans et se trouvait à la tête du plus grand empire de l'ère contemporaine. Depuis, *The Queen* a battu bien des records : elle est la monarque qui a régné le plus longtemps sur le Royaume-Uni (le 6 février 2017, elle a fêté son jubilé de saphir, soixante-cinq ans de règne) ; elle a vu se succéder sept papes et quatorze Premiers ministres (Churchill gouvernait au moment de son couronnement et Tony Blair n'était pas encore né) ; son visage est imprimé sur un nombre record de monnaies (les seize états du Commonwealth) ; et elle détient l'exploit du plus long mariage de toutes les têtes couronnées, une union qui la lia soixante-quatorze ans à Philip, le duc d'Édimbourg, décédé en avril 2021.

La photographie officielle du couronnement d'Élisabeth II, réalisée par Cecil Beaton, le 2 juin 1953. La cérémonie eut lieu dans l'abbaye de Westminster et, selon la volonté de la reine, fut retransmise en direct à la télévision. Pour s'habituer au poids de la couronne, Élisabeth se serait entraînée à la porter en privé pendant plusieurs heures.

21 avril 1926, Mayfair, Londres, Royaume-Uni

124 Élisabeth et Philip, le jour de leur mariage, le 20 novembre 1947. Elle avait économisé ses cartes de rationnement pour acquérir le tissu de sa robe de mariée, et le gouvernement lui en avait concédé deux cent autres comme cadeau de mariage. La robe s'inspirait du *Printemps* de Botticelli, un symbole de renaissance marquant la fin de la guerre.

125 La reine Élisabeth et ses enfants Charles et Anne, en 1951. Vinrent ensuite Andrew et Edward. Les relations familiales ont toujours été difficiles du fait du rôle de la reine et de son caractère autoritaire. Seule exception, son amour pour les chevaux et les chiens. À 18 ans, elle reçut Susan, sa première chienne de race Corgi et depuis elle en a élevé des dizaines.

Le père d'Élisabeth n'était nullement convaincu que ce jeune marin puisse être l'homme juste pour sa fille mais elle n'avait voulu entendre raison, ce qui pour l'époque fut une de ses plus grandes conquêtes : réussir à épouser l'homme qu'elle aimait. De sa vie privée, on ne connaît depuis que les rumeurs : totalement associée à son rôle de représentante impartiale du pays, la reine a toujours été entourée d'un halo de mystère. Y compris durant son *annus horribilis*, en 1992, le moment le plus sombre de son long règne, celui des divorces royaux, de l'incendie du château de Windsor et de la tragique disparition de Diana, ex-femme de son fils aîné Charles. Elle a réagi avec son aplomb habituel, en rétablissant rapidement le rôle de la monarchie et sa solidité, avec ses chiens Corgi, ses chapeaux excentriques et une vie à l'enseigne du protocole.

La reine se reflète dans son portrait, l'œuvre de l'artiste anglais Henry Ward, au château de Windsor, le 15 octobre 2016. Quand elle accéda au trône, elle choisit de maintenir son nom, rappelant idéalement Élisabeth Ier, une des figures les plus iconiques de l'histoire britannique.

Un style que la reine a également su gérer médiatiquement, en dosant habilement ses apparitions ; en étant le premier chef d'État à envoyer un email (en 1976) ; en jouant le premier rôle dans un nombre infini de livres de mémoires, vraisemblables ou présumées, de films et de séries télévisées. Allant jusqu'à jouer son propre personnage dans la vidéo de la cérémonie d'ouverture des Jeux olympiques de Londres de 2012, au bras cette fois d'un partenaire spécial : James Bond, depuis toujours au service de Sa Majesté.

128 Chapeaux et tenues aux couleurs vives, tel est le look préféré de la reine. Non seulement pour des raisons esthétiques mais également médiatiques et de sécurité car cela lui permet d'être toujours repérable parmi la foule. Ici, à Londres durant une visite officielle, en juin 2017.

129 Le *Trooping the Colour*, le rassemblement autour du drapeau, est la cérémonie officielle par laquelle on célèbre, depuis 1748, l'anniversaire du souverain. Pour les quatre-vingt onze ans de la reine, le 18 juin 2017, quatre générations d'altesses royales se sont réunies à la *Horse Guards Parade* pour offrir une photographie aux couleurs vives du passé, du présent et de l'avenir de la monarchie britannique.

13 juillet 1927, Nice, France • 30 juin 2017, Paris, France

Simone Veil

Premier président du Parlement européen et plusieurs fois ministre, elle a vécu personnellement l'histoire du XXe siècle avec la Shoah, la lutte pour l'émancipation des femmes et le projet de l'Europe.

Sur son bras gauche, un numéro tatoué, le 78561. Celui qu'on lui avait gravé à son arrivée à 16 ans dans le camp d'Auschwitz, où elle avait été déportée de Nice avec sa famille. Simone avait miraculeusement survécu et, dès son retour en France, avait épousé Antoine Veil, l'héritier d'une famille d'industriels. Après une maîtrise de droit, elle commence une carrière de magistrat qui l'amènera à devenir, en 1970, Secrétaire général du Conseil supérieur de la magistrature. L'année suivante, le Premier ministre Jacques Chirac la nomme Ministre de la santé (elle est la première femme en France à diriger un cabinet). Un rôle à travers lequel Simone Veil va mener la plus grande de ses batailles : la dépénalisation de l'avortement. Le débat parlementaire et dans le pays est des plus rudes, il déclenche un combat dont elle se fait le porte-drapeau et qu'elle remporte y compris au sein de son parti. Elle-même précisera plus tard être « de gauche pour certains aspects, concernant notamment les grands thèmes de société, et de droite pour d'autres ». La loi est approuvée et la France devient le premier pays catholique à autoriser l'interruption de grossesse. Elle deviendra pour tous la Loi Veil, en l'honneur de celle qui a tant lutté pour l'obtenir. Entre-temps, Simone se passionne pour la construction européenne, convaincue, en tant que survivante, d'avoir le devoir de tout faire pour que les horreurs dont elle a été victime ne se répètent plus. De 1979 à 1982, elle devient le premier Président élu (et la première femme présidente) du Parlement européen. « L'union de l'Europe m'a réconciliée avec le XXe siècle », déclarera-t-elle après avoir atteint les objectifs d'une vie destinée à marquer pour toujours l'histoire des femmes.

Simone Veil en 1979. En 2014, elle apparaît dans un sondage comme la « personnalité féminine la plus estimée » en France. Pour beaucoup, elle aurait fait un président de la République idéal, mais elle n'a jamais voulu remplir une telle fonction car « trop indépendante pour un rôle de ce type ».

Anne Frank

Dans « L'annexe », sa cachette, Anne rédigea un journal qui allait devenir un des phénomènes littéraires les plus spectaculaires. Un témoignage bouleversant sur les horreurs du passé que les futures générations ne doivent jamais oublier.

Dans la vitrine d'une papeterie, derrière chez elle à Amsterdam, Anne avait repéré le cadeau qu'elle souhaitait pour ses treize ans. Un journal intime carré, orné d'une belle couverture blanche et rouge, qu'on lui acheta peu de temps avant que les persécutions nazies ne viennent faire basculer son existence, et celle de nombreuses autres familles juives. La vie des Frank avaient déjà été ébranlée une première fois lorsque, quelques années auparavant, ils avaient dû quitter Francfort, où Anne était née, pour aller vivre en Hollande et échapper aux lois antisémites hitlériennes. Quand l'Allemagne envahit les Pays-Bas, tout le monde devine qu'ici aussi les juifs vont être déportés. En juillet 1942, peu de semaines après l'anniversaire d'Anne, toute la famille (son père Otto, sa mère Édith, sa grande sœur Margot et elle) emménage dans un refuge trouvé par le père, un appartement situé au-dessus de l'entreprise où il travaille, pourvu d'une entrée secrète dissimulée par une bibliothèque pivotante. Ils y vécurent deux ans, sans contact avec le monde extérieur, dans l'espoir que la guerre finisse un jour ou l'autre. Durant tout ce temps, Anne utilisa son journal pour raconter tout ce qu'elle vivait à une amie imaginaire, Kitty. Vers la fin de l'année 1942, elle en avait déjà rempli toutes les pages et poursuivit son récit sur d'autres cahiers et feuilles volantes, jusqu'à la fin de ces deux années tragiques. Elle livre une description minutieuse du quotidien de deux familles (avec eux, les Van Pels et monsieur Fritz Pfeffer), contraintes de vivre, dans un espace de quelques mètres carrés, une existence rythmée par les manies de chacun, les tensions, disputes, plaisanteries, sautes d'humeurs et surtout dans la terreur permanente d'être découvertes.

Outre son célèbre journal, les photographies racontent elles aussi beaucoup de la vie d'Anne Frank, ici en 1941. Réalisés principalement par son père Otto, qui possédait un appareil photo et l'utilisait régulièrement, ces clichés immortalisent Anne dès sa plus tendre enfance à travers une série de portraits et instantanés qui racontent le quotidien de la famille.

12 juin 1929, Francfort, Allemagne • 1945, Camp de concentration de Bergen-Belsen, Allemagne

134 Ici en 1935, la classe d'Anne Frank (assise près de la maîtresse) dans la sixième école Montessori d'Amsterdam, qui porte aujourd'hui son nom, qu'elle fréquenta de 1934 à 1941. Un milieu culturel ouvert qui invitait les élèves à parler d'eux et de leurs émotions.

135 Anne (deuxième à gauche) joue dans le bac à sable chez les Lederman à Amsterdam, en 1937. Après la parution du *Journal d'Anne Frank*, son père Otto se chargea de répondre à des milliers de lecteurs, en concluant souvent ses lettres par ces mots : « J'espère que le journal d'Anne vous servira toujours d'inspiration dans les années à venir afin que vous continuiez, dans la limite de vos possibilités, à œuvrer pour l'entente entre les peuples et la paix ».

Leurs protecteurs, qui leur livraient en cachette de la nourriture et des biens de première nécessité, fournissaient également à Anne les livres dont elle était vorace et qu'elle attendait avec impatience, cultivant ainsi son talent inné pour l'écriture. « Sois gentille et courageuse », sont les ultimes mots qu'elle note sur le rabat de son dernier cahier le 1er aout 1944. Trois jours plus tard, les Frank sont découverts et arrêtés, et peu de temps après Anne et sa sœur Margot sont déportées dans le camps de concentration de Bergen-Belsen, où elles mourront du typhus. Ses journaux intimes furent conservés comme des reliques et, une fois la guerre terminée, remis au père d'Anne, Otto Frank, rescapé d'Auschwitz. Il en autorisa la publication, en excluant les passages les plus personnels. Il parut pour la première fois en 1947, sous le titre de *Het Achterhuis*, « L'annexe ». Vendu depuis à plus de 30 millions d'exemplaires, il témoigne à lui seul, plus que tout procès de Nuremberg, des horreurs de l'Holocauste.

136-137 Anne et son père Otto Frank, au centre, dans les rues d'Amsterdam en juillet 1941. Fuyant l'Allemagne nazie, ils étaient venus vivre en Hollande, où Otto dirigeait la fabrique de gélifiants Opekta, située en centre-ville. Ils avaient installé, dans l'arrière du bâtiment, un appartement secret qui leur servit de cachette pendant deux ans.

Anne Frank

137 À gauche, la sœur Margot, le père Otto, Anne et sa mère, Édith, sur une photo de famille prise à Amsterdam, devant leur maison de Merwedeplein. Sur la place, un monument a été érigé à la mémoire d'Anne et l'appartement des Frank a été transformé en résidence pour écrivains.

Grace Kelly

Le conte de fée sans *happy end* d'une actrice qui remporta un Oscar et devint la princesse d'un tout petit royaume, dont les frasques ont passionné le monde entier. Un exemple de grâce et de distinction, le rêve de millions de jeunes filles.

Il était une fois une ravissante femme aux traits aristocratiques et aux splendides yeux bleus. Un port majestueux et une allure extraordinaire, mêlant une simplicité naturelle à un style sophistiqué. Elle était l'actrice la mieux payée d'Hollywood, mais abandonna les projecteurs pour épouser un prince avec lequel elle rêvait de vivre heureuse et longtemps, jusqu'au jour où un accident vint rompre l'enchantement, privant à jamais ce conte de fées de sa fin heureuse. Car Grace Kelly a vraiment été un personnage digne d'un conte de fées, un exemple d'élégance qui a inspiré des millions de femmes mais aussi un modèle de sobriété, toujours d'une grande discrétion, menant une vie réservée malgré une notoriété mondiale. Depuis toujours sur scène, elle avait commencé très jeune sur les planches des théâtres de Broadway, pour passer ensuite au cinéma où la liste de ses nombreuses conquêtes alimentait la chronique. D'apparence glaciale, Grace était « un volcan au sommet enneigé », dixit Alfred Hitchcock, le réalisateur qui fit d'elle une diva, décelant immédiatement le talent tourmenté de sa muse. Il lui confie le rôle principal dans *Le crime était presque parfait* en 1954, et en 1955 (l'année où elle reçoit l'Oscar de la meilleure actrice dans le film *Une fille de la province*) l'emmène, pour le tournage de *La main au collet*, de l'autre côté de l'océan, sur la Côte d'Azur. Un lieu qui allait changer le destin de l'actrice. Nous sommes en 1955, *Paris Match* lui demande de poser pour des photos dans le palais princier de Monaco, où la troupe est accueillie par le maître de maison, le prince Rainier, le célibataire le plus riche du monde. Le mariage fut annoncé aux journaux un an plus tard et marqua les adieux de Grace non seulement au cinéma mais aussi à son pays, l'Amérique.

Grace Patricia Kelly est née à Philadelphie dans une famille de la bonne bourgeoisie. Son père, un ancien ouvrier d'origine irlandaise, était un *self-made man* qui avait fait fortune et était devenu milliardaire. À gauche, Grace à Hollywood en 1954, à l'époque où elle était une star de cinéma.

12 novembre 1929, Philadelphie, Pennsylvania, États-Unis • 14 septembre 1982, Principauté de Monaco

140 « Glace bouillante » comme l'avait surnommée Alfred Hitchcock, envoûté par ses iris bleu glacé masquant une passion ardente. Grace Kelly valorisait sa beauté naturelle par un léger maquillage, une ligne d'eyeliner noir et une couche de mascara, tandis que le blond cendré de sa chevelure illuminait son teint parfait.

141 Grace Kelly et la statuette de l'Oscar, remportée le 30 mars 1955 pour le film *Une fille de la province*. Cette année là, elle figurait parmi les acteurs assurant le plus d'entrées au box office du cinéma hollywoodien. En cinq ans, elle tourna onze films.

Grace et Rainier de Monaco le jour de leur mariage, le 19 avril 1956. La cérémonie fut filmée et diffusée en exclusivité par la Metro-Goldwyn-Mayer, qui réalisa une édition spéciale d'une durée de 31 minutes, suivie par trois millions de téléspectateurs dans le monde entier. La robe, sertie de perles et dessinée par Helen Rose, a été offerte par Grace en personne au Musée d'art de Philadelphie, où elle est exposée.

Dès lors elle resta aux côtés de son époux qui, ayant hérité d'une situation financière des plus complexes, dut affronter les années les plus difficiles du Rocher. Grace contribua énormément au renouveau de la principauté, en y attirant les plus grandes stars d'Hollywood et le gotha du monde entier. Mais elle mit surtout son nom au service d'associations de bienfaisance et de la Croix rouge, et institua le Bal de la Rose, organisé aujourd'hui encore. Puis la mort, qui la guettait à la fin d'un virage périlleux, pris à trop grande vitesse, ravit au règne sa princesse et fit de son histoire celle d'un conte moderne.

143 Une photo de famille, prise en 1976. Auprès de Grace et Rainier, leurs trois enfants, devenus à leur tour des célébrités. À gauche, la princesse Caroline, née en 1957, derrière, le prince Albert, né en 1958, et au milieu, la plus jeune, Stéphanie, née en 1965.

Audrey Hepburn

4 mai 1929, Bruxelles, Belgique • 20 janvier 1993, Tolochenaz, Suisse

Icône d'un style hors pair, grâce, élégance et sensibilité humaine. Après avoir conquis Hollywood avec ses yeux de biche et sa petite robe noire, créée pour elle par Givenchy, elle mit sa notoriété au service de l'enfance et devint ambassadrice pour l'Unicef.

À l'époque des bombes sexy comme Marilyn Monroe, Audrey Hepburn s'imposa avec son physique menu et sa posture de petit rat de l'opéra, au-dessus de tout cliché et bien décidée à miser sur sa diversité. Élancée, gracile, élégante, toujours le sourire aux lèvres, dotée d'un style si personnel qu'il charma acteurs et réalisateurs. « En regardant autour de vous, vous tombiez soudain sur cette biche. Personne sur le plateau ne mettait plus de cinq minutes à tomber amoureux d'elle », raconta le réalisateur Billy Wilder. Privée d'une enfance heureuse, du fait de la misère imposée par la guerre, elle rêvait de devenir danseuse. Puis ce fut la rencontre avec le cinéma, qu'elle ne quitta plus, remportant deux Oscars, trois Golden Globe, un Emmy, un Grammy Award et quatre Bafta pour des rôles devenus cultes, comme celui d'Holly Golightly dans *Déjeuner chez Tiffany*, Sabrina, la princesse Ann de *Vacances romaines*, Eliza dans *My Fair Lady*. Toujours loin des extravagances, des vices et débauches de stars, elle se levait à quatre heures du matin pour répéter ses rôles, et pour ses films choisissait seule sa garde-robe parmi les créations du styliste Hubert de Givenchy. Avec lequel elle forma un duo des plus solides et exceptionnels de l'histoire du cinéma, né à la base d'une parfaite équivoque : « quand on me l'a présentée, je pensais qu'il s'agissait de Katharine Hepburn. Elle était encore une inconnue mais elle m'a tout de suite conquis et depuis je l'ai toujours habillée ». Sa fine silhouette fit de la *little black dress* un mythe; cette robe noire sans manches, à la ligne essentielle et délicatement ajustée au bas, devint un objet de désir pour des millions de femmes.

Audrey Hepburn était la fille d'une baronne hollandaise et d'un aristocrate anglais. Née en Belgique, elle fut inscrite au consulat anglais sous le nom d'Audrey Kathleen Ruston, et obtint un passeport britannique qu'elle conservera toute sa vie. Ce n'est qu'à la fin de la seconde guerre mondiale qu'elle modifiera son nom en Hepburn-Ruston, puis choisira de se présenter simplement comme Audrey Hepburn.

146 Le styliste Givenchy a habillé Audrey pour de nombreux films. En 1957, il crée un parfum s'inspirant d'elle : « Il n'appartiendra qu'à vous pendant un an, puis je le mettrai en vente », lui susurre-t-il à l'oreille en lui remettant le flacon de verre au cours d'un dîner à New York. « Mais c'est mon parfum, je vous l'interdis ! », rétorqua l'actrice. Douze mois plus tard *L'interdit* débarqua dans les parfumeries.

147 Audrey Hepburn à Paris en 1966, durant le tournage de *Comment voler un million de dollars*, photographiée par Douglas Kirkland. L'année suivante, durant une croisière en Méditerranée, elle fait la connaissance du comte Andrea Dotti, dont elle aura un fils, Luca, en 1970. En 1960, elle avait eu son premier fils Sean, né de son mariage avec l'acteur Mel Ferrer.

À quarante ans, elle décida de quitter le cinéma et de se consacrer aux choses qui comptaient vraiment pour elle : sa famille et ses enfants, sans pour autant rester les mains croisées. Elle posa alors sa candidature pour devenir ambassadrice de bonne volonté de l'Unicef, un engagement pour lequel elle reçut un dollar chaque année en échange des nombreux voyages effectués dans les pays les plus pauvres de la planète, souvent au contact de maladies, préparant longuement des discours qu'elle écrivait elle-même. « L'opportunité de participer à un projet où je peux me rendre utile est un immense privilège et une réponse à mon désir de venir en aide aux enfants, coûte que coûte ». Un choix plein d'amour qui a transformé l'étoile d'Hollywood en un modèle de vie pour de nombreuses femmes.

148 et 149 Audrey au Vietnam en 1990, durant un de ses voyages comme ambassadrice de bonne volonté de l'Unicef. En 1992, le président des États-Unis, George W. Bush, lui décerne une des plus importantes décorations que peut recevoir un citoyen américain, la Médaille présidentielle de la liberté. En 2011, ses enfants, Sean et Luca, créent en Italie l'association *Amici di Audrey*, Les amis d'Audrey, qui soutient en particulier le projet pour la lutte contre la malnutrition au Tchad.

unicef
unicef

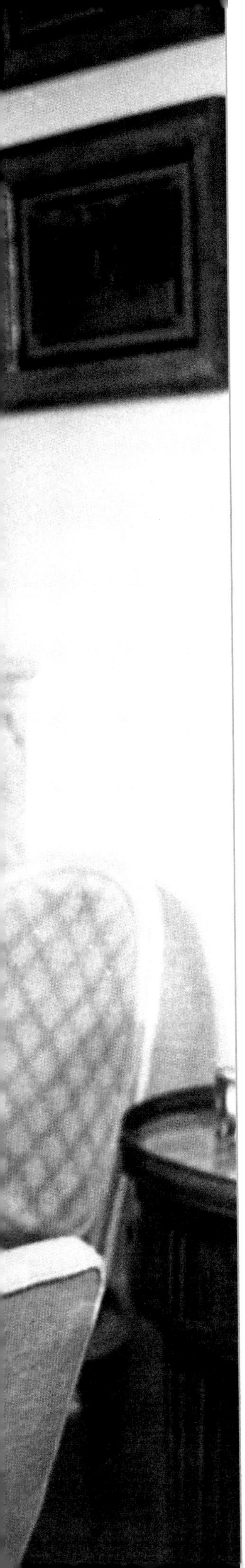

28 juillet 1929, Southampton, New York, États-Unis • 19 mai 1994, Manhattan, New York City, New York, États-Unis

Jacqueline Kennedy Onassis

First lady pendant trois ans seulement, elle a conquis le monde entier avec un style fait de bon goût et une parfaite maîtrise des médias acquise en travaillant comme photo reporter tandis qu'elle attendait le mariage parfait. Elle en fit deux, tout aussi légendaires l'un que l'autre.

« Je mesure un mètre soixante dix, mes cheveux sont châtains, j'ai un visage carré et le malheur d'avoir des yeux si distants l'un de l'autre que je mets trois semaines à trouver une paire de lunettes qui s'adapte à mon nez », raconte Jackie Kennedy dans un cinglant autoportrait pour *Vogue*. Pour les canons de l'époque, encore attachés aux beautés des années 1950 blondes et pulpeuses, elle n'était certes pas très séduisante. Pourtant cette brunette moderne, active et élégante va devenir un modèle qui marquera bien des points. Ce que comprendra au premier regard un jeune sénateur du Massachusetts, John Fitzgerald Kennedy, lors d'un interview. À l'époque, en attendant de trouver le mari idéal, elle est reporter (« ma génération ne pouvait avoir de profession... Ce que nous étudiions, c'était le mariage », expliquera t-elle). Peu après, ils deviennent le couple le plus glamour d'Amérique : le 12 septembre 1953 à Newport, une foule de trois milles personnes se presse autour de l'église d'où Jackie sort au bras du futur président des États-Unis. Pour rester aux côtés de son mari, elle abandonne son métier de journaliste et s'intéresse à la politique, se révélant rapidement l'atout maître du parti démocratique dans la course aux élections présidentielles. Le 20 novembre 1960, à 31 ans, elle devient la *first lady* des États-Unis. Distinguée, toujours disponible, elle apparaît sur toutes les photos le sourire aux lèvres.

Jacqueline Lee Bouvier naît dans une famille de la haute société new-yorkaise. Brillante étudiante, dans la section « ambitions personnelles » de l'annuaire de l'école elle avait indiqué sans équivoque « je ne deviendrai jamais une simple femme au foyer ». À gauche en 1960, lorsqu'elle devient la première dame des États-Unis.

Un tailleur bon chic bon genre à manches trois quart d'Oleg Cassini et un chapeau de Roy Halston suffisaient à faire d'elle un exemple de style, admiré par toutes les femmes, au point d'entendre son mari John déclarer durant le voyage du couple présidentiel en Europe « oui, c'est moi le monsieur qui a accompagné Jacqueline Kennedy à Paris ». Jackie entrera définitivement dans l'Histoire, trois ans plus tard, lorsqu'après le meurtre de Kennedy elle se tient vêtue de ses habits tachés du sang de son mari assassiné, aux côtés de Lyndon Johnson prêtant serment à bord de l'avion présidentiel, épisode qui marque dramatiquement la fin d'une époque. Lorsque son beau-frère Robert est assassiné à son tour, Jackie, bouleversée, quitte les États-Unis. « Ils tuaient les Kennedy et je ne voulais pas qu'ils fassent de mal à mes enfants. Je voulais fuir, me trouver en lieu sûr ».

152-153 Jackie et John le jour de leur mariage, célébré à Newport le 12 septembre 1953. Les Kennedy donneront une somptueuse réception avec deux milles invités, et les photos feront le tour du monde. Deux mois de travail et 50 kilos de soie de couleur ivoire furent nécessaires pour confectionner la robe de Jacqueline, d'une ligne simple et raffinée, comme elle.

153 Jackie et ses enfants, Caroline et John, dans leur maison de vacances de Hyannis Port. Le couple traverse une mauvaise passe du fait des infidélités notoires du président. Elles provoqueront de profondes crises entre les deux époux. La mort prématurée de leur troisième enfant, Patrick, les rapprochera quelques mois seulement avant l'assassinat de Kennedy à Dallas.

154 Jacqueline Kennedy tenant fermement par la main ses enfants durant les obsèques de son mari, le 25 novembre 1963 à Washington. La dignité et le courage avec lequel elle suivit à pied le cercueil, escortée par 103 chefs d'État, suscitèrent une admiration sans égal. Le soir même elle trouva la force de fêter l'anniversaire de son dernier fils John, qui avait trois ans ce jour-là.

154-155 À droite, Jackie au premier plan durant le discours de son mari à New York en octobre 1960, durant la campagne présidentielle. Un mois plus tard, il gagnait les élections. Bien que sa présidence n'eût duré que trois ans, le couple marquera à jamais l'histoire américaine. Le 22 novembre 1963 Kennedy est assassiné à Dallas de deux coups de pistolet.

 Jackie à Skorpios avec ses enfants, John et Caroline. Elle donne le ton avec un look inimitable : veste Chanel, vêtements BCBG, rangs de perles, pantalons corsaires, et larges lunettes de soleil. « J'aime les vêtements simples, je ne supporte pas les tissus à motifs » répétait souvent Jackie.

Ce lieu porte le nom d'Aristote Onassis. L'armateur grec, ancien compagnon de Maria Callas, la demande en mariage en lui présentant un gigantesque diamant de quarante carats, le Lesotho, accompagné d'un rigoureux contrat pré-matrimonial. « Elle était comme un diamant », expliquera le milliardaire, « froide, aux contours anguleux et pleine d'ardeur en profondeur ». De nouveau veuve en 1975, l'*ex-first lady* rentre à New York, bien décidée à exercer son pouvoir pour soutenir financièrement l'art et la science, notamment le temple égyptien de Dendur, qu'elle sauve des eaux après la construction du barrage d' Assouan et installe au MET de Manhattan en 1979. « La première fois on se marie par amour, la deuxième pour l'argent et la troisième pour avoir de la compagnie », conclura-t-elle au bras de Maurice Tempelsman, l'homme avec lequel elle partagera le reste de sa vie, avant de s'éteindre à ses côtés à l'âge de 64 ans. Ce deuil émeut le pays tout entier qui perdait la seule reine que l'Amérique ait jamais eue.

157 Jackie et l'armateur grec, Aristote Onassis, durant un de leurs voyages. Ils s'étaient mariés à l'automne de l'année 1968, sur l'île de Skorpios, après avoir signé un contrat de mariage composé de 170 clauses, définies par les avocats du couple, et qui réglementaient leur relation dans les moindres détails, du montant prévu en cas de veuvage aux rendez-vous dans leur chambre à coucher.

Dian Fossey

16 janvier 1932, San Francisco, California, États-Unis • 26 décembre 1985, Montagnes des Virunga, Rwanda

« Plus je connais la dignité des gorilles et plus j'évite les êtres humains. » C'est à Dian Fossey qu'on doit la survie de l'espèce. En travaillant avec les animaux, cette insoumise réalisa son rêve de petite fille, mais paya de sa vie le prix d'un choix sans compromis.

Le petit cimetière du camp de Karisoké, au Rwanda, abrite deux tombes identiques. Dans l'une repose Digit, un grand gorille mâle, abattu et sauvagement mutilé par des braconniers alors qu'il tentait de défendre sa famille. Dans l'autre est enterrée Dian Fossey, la chercheuse américaine qui consacra sa vie à la lutte contre le braconnage. Elle mena une guérilla des plus féroces : pour dissuader les chasseurs, elle promit des récompenses pour leur capture, brûla des cabanes et des armes, organisa des patrouilles répressives et apprit aux gorilles à ne se fier qu'à elle, suscitant de fortes tensions avec les populations locales mais aussi le tapage nécessaire pour attirer les yeux du monde sur ces terres lointaines. Ainsi, après les premiers articles dans la revue *National Geographic*, les donations pour le Dian Fossey Gorilla Fund commencèrent à arriver et l'activité de recherche finit par encourager une certaine forme d'écotourisme qui eut, au fil du temps, un effet collatéral extraordinaire, celui d'obliger les autorités rwandaises à une répression plus sévère du braconnage. Si aujourd'hui encore il existe des gorilles de montagne, c'est sans aucun doute grâce au choix courageux de Dian. Un choix qui lui a coûté la vie, un sacrifice demeuré impuni puisqu'on ne connaît toujours pas avec certitude le nom des comandataires ni le visage de ses assassins. Ses recherches passionnées ont apporté à l'histoire de la science l'étude la plus longue et la plus détaillée sur cet animal, résultat de vingt ans de travail sur le terrain. À l'origine, un coup de foudre durant le premier voyage de Dian en Afrique en 1963, financé par un an de son salaire de thérapeute d'enfants handicapés dans un hôpital du Kentucky. Une rencontre bouleversante qui changea sa vie, décrite dans son best-seller *Gorilles dans la brume* : « leurs yeux nous fixaient sous leurs sourcils, comme s'ils tentaient d'établir s'ils étaient face à des amis bienveillants ou de potentiels adversaires. Je fus tout de suite frappée par la splendeur de leurs gigantesques corps noirs et étincelants, en parfaite harmonie avec la palette de verts du feuillage de la forêt. Je crois que ce fut à cet instant que j'eus la sensation que je reviendrais en Afrique étudier les gorilles de montagne ». Trois ans plus tard, elle fonde le camp de Karisoké, et ne quitte presque plus l'Afrique pendant vingt ans pour se consacrer à l'étude des primates.

Les longues heures passées à les observer et à vivre à leurs côtés ont bousculé les stéréotypes concernant cette race, considérée considérée jusqu'alors comme hostile et dangereuse, prouvant au contraire qu'il s'agit d'une espèce intelligente, docile et sociale. En appliquant les techniques acquises durant son expérience de thérapeute, Dian gagna leur confiance, parvenant à établir de profonds liens avec chacun d'eux, et les aimant comme la famille que la vie n'avait pu lui offrir.

Dian Fossey avec des gorilles de montagne, au Rwanda. L'histoire de sa vie et de son travail dans l'étude des primates est devenue célèbre grâce au film *Gorilles dans la brume*, tiré du livre du même nom écrit par Dian, sorti en 1988 et interprété par l'actrice Sigourney Weaver.

Mary Quant

Pour parvenir à l'émancipation, parfois il faut faire court. Comme le grand coup de ciseaux que Mary Quant donna aux jupes des femmes, insufflant une bouffée d'air frais dans le monde de la mode. Nous étions en 1962, et l'époque s'annonçait pleine de changements vertigineux.

Mary Quant n'a que 21 ans lorsqu'elle décide d'ouvrir sa première boutique. Elle ne peut encore imaginer l'éclat que cela va provoquer. Elle choisit deux vitrines donnant sur King's Road, le quartier de Chelsea à Londres, et place toutes ses économies dans ce *Bazaar*, un magasin destiné à changer l'histoire de la mode. La première semaine, elle empoche cinq fois la somme investie. « C'était un beau pari qui s'est révélé gagnant », racontera t-elle des années plus tard. Dans sa boutique, toutes les classes se côtoient : pour la première fois, aristos et secrétaires se retrouvent coude à coude à fouiller dans les rayons, complices et enthousiastes de cette révolution démocratique à base d'articles à portée de tous les porte-monnaie et d'associations chromatiques audacieuses qui rappellent le pop art. La nouveauté la plus fascinante de la vitrine se nomme *miniskirt*, à cause de la taille réduite du tissu utilisé et de la référence à la voiture qui fait fureur parmi les jeunes, la Mini Morris. Il a suffi à Mary de regarder autour d'elle et de se laisser inspirer. Comme elle expliquera, « ce sont les filles dans la rue, sur King's Road, qui ont inventé la mini-jupe. Je faisais des robes simples qui permettaient de bouger, courir, sauter, selon la longueur que désirait la cliente. Elles étaient déjà courtes mais elles me disaient : plus court, plus court ! » Les réactions ne se font pas attendre et la presse s'insurge. Mary réplique en coupant davantage, jusqu'à dix centimètres au-dessus du genou, et en accompagnant ses jupes de chaussettes colorées visant à apaiser (partiellement) le scandale suscité par tant de féminité dévoilée.

Mary Quant dans les années 1960 avec sa création la plus célèbre, la mini-jupe. Dans la boutique qu'elle ouvre avec ses associés Archie McNair et Alexander Plunket Greene (qui deviendra son mari) les clients, les vendeurs, tout le monde est jeune, comme elle. « La femme que je souhaitais habiller était exactement comme moi : libre, pleine d'allégresse, exubérante et optimiste. »

11 février 1934, Blackheath, Londres, Royaume-Uni

62 Mary Quant fait retoucher sa fameuse coupe « *five points* », créée pour elle par Vidal Sassoon. Un look aussi célèbre que ses robes, dont Mary dira : « Vidal Sassoon, la pilule contraceptive et la mini-jupe ont changé à jamais la vie des femmes. Avec cette coupe de cheveux, il a su trouver le couronnement parfait au style que je donne à mes robes ».

63 Dans la boutique de Mary Quant on ne trouve pas seulement des mini-jupes. C'est aussi le berceau du look *Swinging London* qui s'inspire de la culture pop : les cols de couleur vendus à deux shillings remportent un franc succès, tandis que les bottes en plastique offrent un grand confort grâce à un large talon. Ici, Mary pour la campagne de lancement de ses nouvelles chaussures.

Le triomphe chez les jeunes est tel qu'elle ouvre une seconde boutique à Knightsbridge, et finit sur les pages des plus grandes revues de mode, devenant le symbole d'une époque incarnée par la beauté éthérée de Twiggy, le mannequin dont le nom sera à jamais indissociable de la *miniskirt*. Pendant les années 1960, les nouveautés lancées par Mary Quant ont une résonnance mondiale, faisant d'elle une femme d'affaires de succès qui apposera son logo en forme de marguerite sur des vêtements mais également des chaussures, accessoires et cosmétiques. La mini-jupe révolutionnaire fait désormais partie de la garde-robe de millions de femmes, et les jours où elle paraissait si scandaleuse semblent bien loin lorsqu'elle reçoit, en 1966, des mains de la reine Élisabeth, la récompense de Chevalier de la couronne britannique « pour son extraordinaire contribution au domaine de la mode ». À la cérémonie, qui a lieu à Buckingham Palace, elle se présente dans un style qui n'appartient qu'à elle : en mini-jupe, bien sûr.

Valentina Terechkova

La première femme de l'espace est une championne de parachutisme qui rêve de monter toujours plus haut. Après l'exploit de Gagarine, elle décide qu'elle aussi sera de la partie : « Si en Russie les femmes peuvent travailler pour les chemins de fer, pourquoi ne peuvent-elles voler dans l'espace ? »

Elle avait choisi le nom de code *tchaïka*, la « mouette », pour sa liaison entre la navette spatiale et la Terre. Lorsque le dernier bras de lancement se décrocha quelques secondes avant le départ et que la radio lui souhaita un bon voyage, elle avait déjà le regard tourné vers l'espace et s'écria dans le micro : « Hé, le ciel ! Ôte ton chapeau, j'arrive ! ». Nous sommes le 16 juin 1963 et Valentina Terechkova est la première femme à voler dans l'espace. Elle rentre sur Terre trois jours plus tard, son nom fait immédiatement le tour du monde, comme elle venait de le faire 48 fois à bord de la capsule *Vostok 6*. Photogénique et souriante, elle est l'image parfaite de la propagande d'Union soviétique qui, après le vol de Gagarine, consolide son avancée spatiale avec ce nouveau record. Valentina a été choisie parmi quatre autres femmes, à la suite d'un entraînement top secret, du fait de sa forte personnalité et de son origine prolétaire. « Les réserves étaient plus préparées mais aucune d'elle n'arrivait à la hauteur de Terechkova. Elle communiquait très bien avec la foule, suscitait la sympathie et savait paraître en public », commentera par la suite Sergeï Korolev, chef du programme spatial soviétique. Valentina possède un autre atout : ses compétences de parachutiste, qui lui sauvèrent la vie durant la délicate phase d'atterrissage que l'URSS de Krouchtchev applaudit comme un grand triomphe mais qui, en réalité, fut, comme l'avouera Terechkova elle-même, une véritable odyssée. Du fait d'un problème technique risquant de l'éloigner de l'orbite terrestre, le vol avait été prolongé et l'avait contrainte à rester attachée à son fauteuil pendant plus de soixante-dix interminables heures. Un détecteur placé sur sa tête la démangeait continuellement et des douleurs insupportables se faisaient sentir dans sa jambe droite.

6 mars 1937, Bolchoïe Maslennikovo, Russie

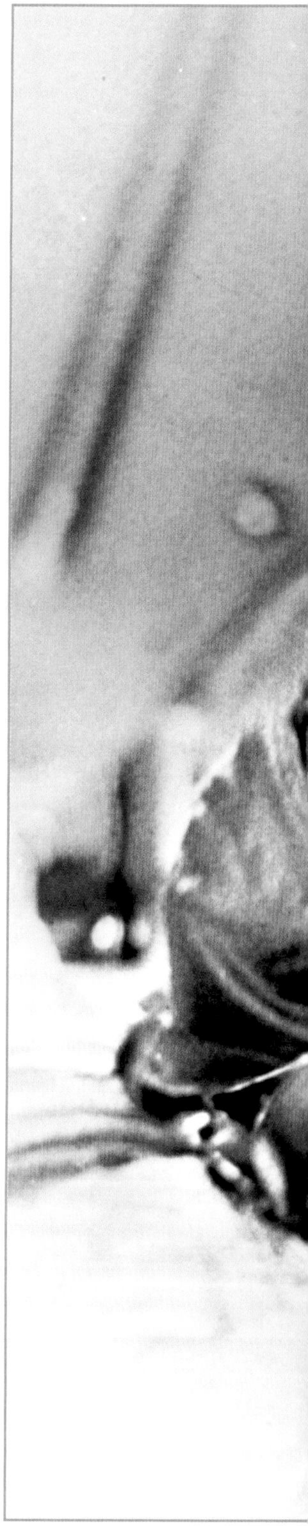

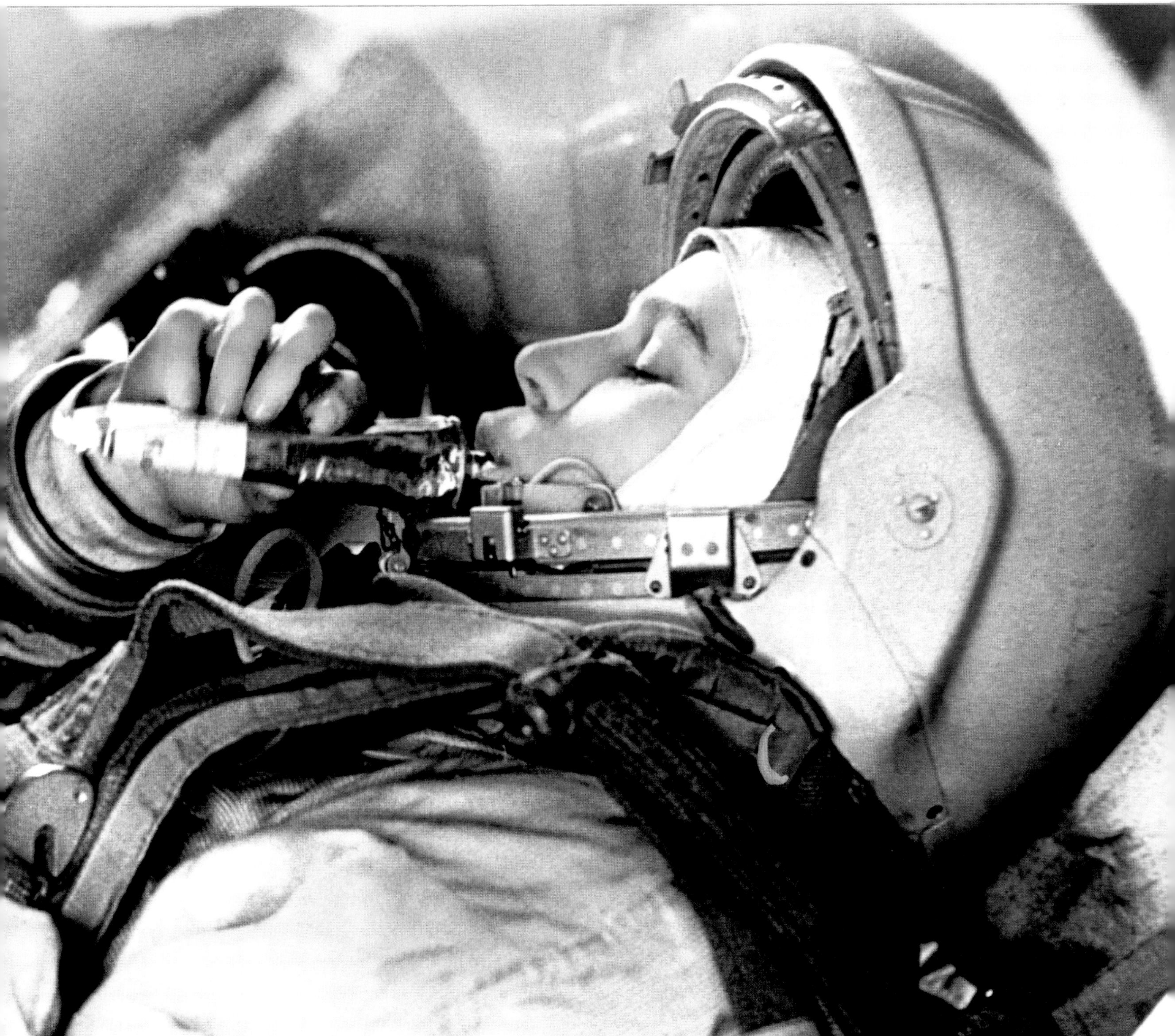

Valentina Vladimirovna Terechkova est née dans un village sur la Volga. Ouvrière dans une usine textile, puis couturière et repasseuse, elle fréquente des cours du soir afin de participer à la sélection du premier groupe de femmes cosmonautes. Sur cette photographie, réalisée quelques semaines avant le lancement, en 1963, elle se prépare à la mission en testant les équipements et la nourriture en tube, l'unique alimentation dont elle bénéficiera pendant ses trois jours dans l'espace.

166 La foule célèbre sur la Place rouge de Moscou le succès des vols effectués à bord des sondes *Vostok 5* et *Vostok 6*, en affichant les images des deux astronautes Valeri Bykovsky et Valentina Terechkova, lancés dans l'espace en juin 1963, à quelques jours de distance l'un de l'autre.

167 Nikita Krouchtchev salue la foule sur la Place rouge en tenant par la main les héros de l'espace, Valentina Terechkova et Valeri Bykovsky, le 22 juin 1963. Le mariage de Valentina et du cosmonaute Andrian Nikolaïev est célébré la même année au Kremlin, consacrant l'héroïne russe comme ambassadrice du rêve soviétique. Ils divorceront en 1982 et elle se remariera avec un médecin, Yuliy Shaposhnikov.

Des années plus tard, la vérité sera dévoilée sur le dramatique atterrissage ayant contraint l'astronaute à une hospitalisation. En cause un fragment métallique reçu en plein visage, et dont elle gardera un vilain hématome, au moment de s'éjecter de la navette en parachute. La machine propagandiste soviétique avait dû tourner un faux atterrissage où elle apparaissait souriante et heureuse. Après la célébration de cet exploit triomphal, Valentina fut enrôlée à titre honorifique dans l'aviation militaire, devint membre du Soviet suprême et déléguée à l'Onu. Elle a porté le drapeau olympique durant l'ouverture des Jeux d'hiver de Sochi en 2014, mais son regard est toujours resté fixé là-haut vers le ciel. « S'envoler à destination de la planète rouge est le rêve de tout astronaute », a-t-elle déclaré il y a quelques années. Et d'ajouter « si je pouvais, je partirais tout de suite. Même sans revenir. »

Wangari Maathai

Avec le Mouvement de la ceinture verte, elle a planté plus de cinquante millions d'arbres en Afrique, grâce au soutien de milliers de femmes qui ont cru en son idée. Un concept simple mais révolutionnaire, récompensé par le prix Nobel de la paix.

En Afrique, les femmes ont la responsabilité des cultures et sont les premières à constater les dégâts environnementaux qui détériorent la production agricole, assèchent les puits et polluent la nourriture destinée à leurs enfants. Wangari Maathai avait compris, en véritable africaine, qu'il était indispensable de s'adresser aux femmes pour garantir la réussite du projet de développement durable qu'elle avait en tête, une idée simple mais ingénieuse, comme la plupart des grandes inventions qui ont changé le monde. Elle avait commencé par distribuer des semis aux femmes travaillant dans les champs, les gratifiant pour chaque plante qui poussait et motivant chacune à développer et à prendre soin de ce qui, avec le temps, s'est transformé en d'immenses *green belts* d'arbres, des « ceintures vertes » en mesure de bloquer l'érosion du sol mais aussi de fournir de l'ombre et de garantir une source de combustible.

Biologiste, environnementaliste et activiste pour les droits de l'homme, Wangari Maathai fut une pionnière de la sauvegarde des forêts avec son Mouvement des ceintures vertes. Outre le Nobel, la « femme des arbres » a reçu de nombreuses distinctions internationales, dont le prix Global 500 du programme pour l'environnement des Nations Unies ; le prix Goldman pour l'environnement ; le Prix africain du leadership du projet contre la faim et le prix de la Société pour un monde meilleur.

1er avril 1940, Nyeri, Kenya • 25 septembre 2011, Nairobi, Kenya

170 Wangari Maathai (à gauche) à Kiriti, au Kenya, explique aux enfants les principes de son mouvement. Avant elle, personne n'avait jamais pensé qu'au Kenya les femmes pourraient planter des arbres ou devenir gardes forestières. Aujourd'hui le Mouvement pour la ceinture verte est constitué de 70% d'entre elles et représente un modèle repris dans d'autres régions d'Afrique et du monde.

171 Un long cortège accompagne les funérailles de Wangari Maathai, célébrés à Nairobi le 8 octobre 2011. Au cours de ses dernières années, le travail de Wangari s'était concentré sur la situation des droits de l'homme au Kenya. Elle s'est ouvertement opposée au président Daniel Arap Moi qui l'a persécutée, fait arrêter et dénigrée dans de nombreux discours publics en la qualifiant de femme « dangereuse». Lorsque Moi perdit les élections de 2002, Maathai fut élue avec 98% des voix au parlement où elle maintint son siège jusqu'en 2007.

Depuis 1977, l'année où Wangari Maathai a fondé son *Green Belt Movement*, plus de cinquante millions d'arbres ont été plantés sur le continent africain et des milliers de femmes ont suivi une formation pour entretenir cette précieuse béquille environnementale. L'idée a germé durant ses études à l'université aux États-Unis, où elle s'est diplômée en biologie, et à la suite desquelles elle a obtenu un poste de professeur à l'université de Nairobi, devenant la première femme du Kenya à occuper une fonction si prestigieuse. Le mouvement catalyseur de Wangari Maathai a permis en même temps de sauvegarder les écosystèmes forestiers au Kenya et d'assurer l'émancipation sociale et économique des femmes. Parmi celles qui ont pris part au projet, nombre d'entre elles ont fait de leur activité une source de revenus, en devenant gardes forestières et expertes en systèmes d'agro-forêt. Wangari Maathai a été la première africaine à recevoir le Nobel, en 2004, « pour sa contribution en faveur du développement durable, de la démocratie et de la paix ».

Joan Baez

De sa *love story* avec Bob Dylan aux marches de Martin Luther King. De Woodstock aux manifestations contre la guerre du Vietnam. Une icône du pacifisme et de la lutte pour les droits civils qui n'a cessé d'enchanter le monde de sa voix de rossignol.

En montant sur les planches de Woodstock, Joan Baez est accueillie par un tonnerre d'applaudissements. C'est l'été 1969, elle est enceinte de quelques mois et dans sa tunique bleu ciel et la moiteur de l'orage qui va s'abattre sur le concert le plus légendaire de tous les temps, elle ressemble à une madone. Elle entonne *Joe Hill* en hommage à son mari, en prison pour avoir refusé de partir combattre au Vietnam, puis chante *We shall overcome* reprise en chœur par les 400 000 jeunes qui assistent à cet évènement mémorable. Sa voix fait de ce gospel un symbole de protestation et d'espoir : elle le chante aux côtés de Martin Luther King à Washington, le jour où le révérend prononce son discours « *I have a dream* » ; à Hanoi, au Vietnam, sous les bombardements ; en Amérique latine contre les dictatures ; à Prague durant la révolution de Velours ; elle le dédie aux Iraniens en fredonnant certains vers en farsi et le chante même à la Maison blanche devant Barack Obama. Américaine d'origine mexicaine, la discrimination raciale, Joan sait ce que c'est. Petite, elle voyageait à travers les États-Unis pour suivre son père Albert, un des inventeurs du microscope à rayons X, passant d'une école à l'autre et régulièrement écartée du fait de ses origines métisses. Les choses changèrent du tout au tout grâce à un cadeau inattendu. Pour ses seize ans, sa tante l'emmène à un concert de Pete Seeger : un monde s'ouvre à elle quand elle découvre que la musique peut être le moyen de parler de choses importantes. Elle comprend alors sa vocation et débute dans les *coffee shop* de Boston avec un répertoire de musique populaire. Son premier disque sort l'année suivante et, à seulement vingt ans, elle devient la reine du folk, au moment où elle rencontre un jeune auteur-compositeur, Bob Dylan. C'est elle qui le fera monter sur scène pour la première fois et ils formeront un tandem qui marquera pour toujours l'histoire de la musique.

Joaz Baez vers 1970. Deux ans avant, elle avait épousé David Harris, le père de son fils Gabriel. Outre son histoire d'amour avec Bob Dylan, son compagnon de vie et de travail de 1962 à 1964, elle a eu dans les années 1980 une relation, qui a fait grand bruit, avec le fondateur historique d'Apple, Steve Jobs.

9 janvier 1941, Staten Island, New York City, New York, États-Unis

174 Le 25 mars 1965, des milliers de personnes assistent au discours de Martin Luther King prononcé au terme de la marche de Selma à Montgomery, en Alabama. Le monde de la musique l'avait suivi : Pete Seeger, John Stewart du Kingston Trio, Harry Belafonte et Joan Baez (assise au centre). Deux mois plus tard, le Congrès des États-Unis approuva le *Voting Rights Act*, la loi sur le droit de vote, qui ouvrit la voie à la

Ils vont s'aimer pendant deux ans seulement mais les mélodies qu'ils partagent resteront éternelles. Leur voix est celle de toute une génération, le cri d'un peuple en colère. En 1968, Joan collabore avec Ennio Morricone pour la bande originale du film *Sacco et Vanzetti* en écrivant *Here's to you*, un hymne contre l'injustice et pour la liberté qui se propage dans le monde entier grâce au pouvoir de la musique, langage universel capable de provoquer de grands changements. « Nous en avons besoin aujourd'hui plus que jamais. Avec la musique, le courage devient contagieux. Toutes les révolutions de notre époque se sont produites dans la foulée de nouvelles musiques », assure Joan Baez avec son sourire de toujours. Sa voix suave mais puissante, accompagnée du pincement des cordes d'une guitare, a encore le pouvoir d'entraîner le public dans ces douces atmosphères années 1960 au parfum d'utopies pacifistes.

175 Martin Luther King et Joan Baez dans le Mississippi, en septembre 1966, accompagnent pour leur toute première rentrée scolaire des enfants afro-américains, accueillis pour la première fois par l'école publique jusqu'alors ouverte uniquement aux blancs. « Utiliser ma voix dans des batailles contre l'injustice a donné un sens profond et un plaisir infini à ma vie » a déclaré Joan.

176-177 Sur la scène du trente-deuxième *Annual Rock & Roll Hall of Fame*, le 7 avril 2017 au Barclays Center de Brooklyn, à New York, Joan Baez (deuxième à gauche) chante avec Mary Chapin Carpenter et le duo folk américain Indigo Girl. L'événement a célébré ses 60 ans de carrière et son entrée dans le classement des plus grands artistes de tous les temps.

WE MARCH FOR JOBS
WE MARCH FOR EFFECTIVE CIVIL RIGHTS
I.U.E. AFL-CIO
THE BAPTIST MINISTERS CONFERANCE OF WASHINGTON & VICINITY Rev. Lesley Buie, President
WE DEMAND DECENT HOUSING NOW!
WE DEMAND EQUAL RIGHTS NOW!

WE DEMAND DECENT HOUSING NOW!
WE DEMAND AN END TO BIAS NOW!
WE DEMAND DECENT HOUSING NOW!
WE MARCH FOR
JOBS and FREEDOM
JOBS and FREEDOM

2 novembre 1942, Cambridge, Massachusetts, États-Unis

Roberta Gibb

Le 19 avril 1966, une jeune fille fait irruption dans le peloton du célèbre marathon de Boston. Elle s'appelle Roberta « Bobbi » Gibb et sera la première femme à franchir la ligne d'arrivée d'une course réputée « trop dure pour les femmes ». Son histoire est restée dans l'ombre pendant de longues années.

Comme pour beaucoup de choses, le marathon de Boston a été longtemps considéré exclusivement une affaire d'hommes. Lorsqu'en 1966 elle reçoit la réponse des organisateurs à sa demande d'inscription, Roberta Gibb n'en croit pas ses yeux : le comité l'exclut car « la course est uniquement ouverte à des participants de sexe masculin et, par ailleurs, les femmes ne sont pas physiquement en mesure de courir un marathon ». C'en était trop pour cette jeune fille habituée à défier, et battre, son fiancé durant ses entraînements. Il ne lui restait plus qu'à se lancer dans la course pour leur montrer combien ils se trompaient. Elle se présenta au départ habillée d'un bermuda de son frère et équipée d'une paire de chaussures d'infirmière de la Croix rouge en cuir blanc, car à l'époque les chaussures de course pour femmes n'existaient pas. Par crainte d'être démasquée et chassée du peloton, elle se cacha dans les buissons avant le début de la course pour se mêler aux concurrents une fois le départ annoncé. Lorsque les coureurs découvrent que Roberta est une femme, leur réaction la décontenance : « Nous ne permettrons à personne de t'expulser. La route est à tout le monde » la rassurent-ils en l'escortant jusqu'à la ligne d'arrivée. Cette course devint pour elle un acte symbolique, et prouva à tous qu'elle pouvait y arriver. Un tel exploit fut longtemps associé à Kathrine Switzer qui, à l'âge de vingt ans, s'inscrivit au marathon de Boston en indiquant uniquement ses initiales. Elle fut immortalisée par la presse tandis que le directeur de la course tentait de l'entraîner en dehors du peloton de départ, non sans scandaliser l'opinion publique convaincue de l'absurdité d'exclure les femmes des compétitions. Mais cet épisode remonte à 1967, un an après Roberta, qui reste la première femme dont la force de volonté a encouragé des millions de coureuses à franchir victorieuses la ligne d'arrivée.

Roberta Gibb à la fin du marathon de Boston, le 19 avril 1966. Un chalenge qu'elle conclut en 3 heures, 21 minutes et 40 secondes. En 1972, le marathon féminin est officiellement institué mais, pour l'admission aux épreuves olympiques, les femmes devront attendre encore longtemps, 1984 pour être précis, l'année des Jeux de Los Angeles.

180 Roberta Gibb façonnant un modèle pour les statuettes de bronze utilisées comme trophées en récompense à Joan Benoit Samuelson, Julie Brown et Julie Isphording, les trois premières coureuses américaines admises à l'épreuve olympique du marathon en 1984.

180-181 Roberta Gibb durant un entraînement en 1983. Elle travaille aujourd'hui comme sculptrice et chercheuse auprès de l'université du Massachusetts mais court toujours, principalement pour des associations caritatives et la collecte de fonds destinés à la recherche contre la maladie de Charcot et pour les femmes et les enfants en difficultés.

ZENGER
B·J·K

Billie Jean King

Championne, oui, mais pas seulement sur le terrain. Elle défia un homme pour obtenir l'égalité dans les épreuves sportives. Le match, qui se joua le 20 septembre 1973 entre Billie Jean King et l'ex-champion Bobby Riggs, a changé l'histoire du tennis. Et celle des femmes.

Le match qui s'est joué au début des années 1970 à Houston, au Texas, est un des plus célèbres de l'Histoire. Surnommé « *The Battle of Sexes* », il opposait de part et d'autre du filet un homme et une femme, tous deux américains : Bobby Riggs et Billie Jean King. Âgé de 55 ans, le premier s'était retiré du monde du tennis professionnel après avoir remporté un tournoi de Wimbledon et deux US Open, et pensait que la place des femmes était « au lit et aux fourneaux, dans cet ordre ». Billie, une belette de 1,64 mètre, elle, ne tient pas en place sur le terrain, et surtout ne tolère pas les favoritismes que l'*establishment* du tennis réserve aux hommes, à commencer par les rétributions et les prix, allant parfois jusqu'à dix fois ceux des joueuses de tennis. Lorsqu'elle accepta le défi lancé par Riggs, Billie Jean savait bien que ce match ne concernait pas qu'elle mais le genre féminin tout entier. Feignant de céder au côté rocambolesque de l'évènement, elle s'était en réalité entraînée comme jamais et avait fait son entrée au Houston Astrodome sur une civière portée par de beaux gaillards généreusement musclés. Le stade était comble (30 000 personnes, un record jamais égalé pour une partie de tennis aux USA) tandis que 90 millions de spectacteurs étaient rivés à leur poste de télévision. Elle le battit à plates coutures en trois sets au cours d'un match mémorable, disputé quelques mois après l'adoption du titre IX de la Constitution sur l'égalité des sexes, et couronné la même année par un arrêt historique de la Cour suprême sur l'avortement dans l'affaire Roe-Wade. La victoire de cette *Bataille des sexes* ne fut pas la seule remportée par Billie Jean. En 1987, elle divorça par consentement mutuel, pour déclarer au monde son homosexualité et devenir la première sportive porte-paroles des droits LGBT.

Billie Jean King, le 9 juillet 1967 à Wimbledon montre le trophée qu'elle vient de remporter contre Ann Jones en finale simple femme. Un tournoi qu'elle remportera à nouveau l'année d'après, suivi d'une série de succès impressionnants à l'US Open, l'Australian Open et Roland Garros. En 1968, elle devient le numéro un mondial.

22 novembre 1943, Long Beach, California, États-Unis

184 Billie Jean King débuta le tennis à 11 ans. Déjà championne à 15 ans, elle devient avec Karen Hantze Susman la plus jeune joueuse à remporter un double à Wimbledon. À l'université, qu'elle termine en 1964, elle rencontre Larry King, qu'elle épousera et dont elle prendra le nom. Ici, à Wimbledon en 1972.

FINAL ★★★★ DAILY NEWS 10¢

NEW YORK'S PICTURE NEWSPAPER ®

Vol. 55. No. 76 Copr. 1973 New York News Inc. New York, N.Y. 10017, Friday, September 21, 1973★ WEATHER: Sunny and cool.

BILLIE JEAN KING OUTLIBS THE LIP

Wallops Riggs in Straight Sets

6-4, 6-3, 6-3, And No Love For Bobby...

Billie Jean King gives former superman Bobby Riggs comforting pat on back after she beat him, 6-4, 6-3, 6-3, in their "Battle of the Sexes" at in their "Battle of the Sexes" at Houston Astrodome, last night. Billie, 29, took mere two hours and five minutes to destroy 55-year-old hustler's myth of masculine superiority before an exuberant crowd of 30,000 fans.

Stories on page 3

UPI Radiophoto

Adulée par les générations suivantes, elle a vécu une longue histoire avec sa compagne ; a été admise à l'*International Tennis Hall of Fame* ; fut capitaine de l'équipe olympique de tennis en 1996 et de nouveau en 2000. En 2006, le stade qui accueille l'US Open est baptisé *Billie Jean King National Tennis Center* en son honneur. En 2009, elle devient la première athlète à recevoir la Médaille présidentielle de la liberté, la plus haute distinction civile aux États-Unis. Elle n'a jamais cessé de se battre pour les droits des femmes, honorant toujours et encore son titre de championne, avec ou sans raquette.

185 La première page du *Daily News* du 21 septembre 1973 annonce la brillante victoire de Billie Jean King contre Bobby Riggs. Plusieurs années après, elle raconta qu'avec le temps elle et son adversaire finirent par devenir amis. Peu de temps avant qu'il ne meure, en 1995, ils avaient conclu à propos de ce match extraordinaire, lors d'une conversation téléphonique : « Eh bien, on a plutôt réussi, non? On a vraiment su faire la différence. »

Zaha Hadid

Elle fut la première vraie « archi-star » de l'Histoire. Globetrotter depuis l'enfance, pendant trente ans elle a repensé le futur des villes à travers les formes rondes et puissantes de son architecture, imposant sa féminité débordante dans un métier « d'hommes ».

Elle n'avait pas un caractère facile et, de son propre aveu, la diplomatie n'était pas sa plus grande qualité. Mais cette femme à l'air déterminé et aux magnifiques yeux noirs possédait de nombreux autres talents. Pionnière dans un monde presque entièrement masculin, elle fut la première femme à obtenir en 2004 le prix Pritzker, Nobel de l'architecture, de même que la médaille d'or de l'Institut royal des architectes britanniques, ici aussi la première de l'Histoire. Citoyenne du monde à trente ans, elle avait déjà vécu dans trois pays et deux continents. Toujours en mouvement et déplacements, elle semait des œuvres qui semblaient provenir directement du futur et qui, telles des fusées, se posaient délicatement dans le paysage. Après une maîtrise en mathématiques à l'université américaine de Beyrouth, en 1972, Zaha Hadid avait entrepris son périple dans l'architecture et partit construire son empire à Londres, où elle vécut et travailla. Après une collaboration de quelques années avec deux superstars comme Rem Koolhaas et Elia Zenghelis de l'agence Oma, elle avait ouvert Zaha Hadid Architects. Elle figurait déjà, dans le milieu, comme une célébrité. Pourtant elle n'a quasiment rien construit pendant presque dix ans. « Vous êtes une artiste » ou « pas mal pour une femme », tels étaient les commentaires qui accompagnaient ses projets. Dans les années 1980, les femmes avaient du mal à s'imposer. « On pensait que nous ne pouvions pas avoir d'idée. Mais si vous étiez un homme, vous pouviez non seulement en avoir mais vous permettre d'être exigeant » s'était-elle agacée dans un interview.

31 octobre 1950, Baghdad, Irak • 31 mars 2016, Miami, Florida, États-Unis

Zaha Hadid dans son agence de Londres, en 1985. Située à Clerkenwell, dans un ancien établissement scolaire de l'époque victorienne, forte de ses 246 architectes elle figure toujours parmi les plus importantes au monde. Aujourd'hui encore l'agence continue, après la mort de sa fondatrice, de signer la réalisation de constructions et de collections de design, tout en maintenant son style déconstructiviste.

La première consécration internationale arrive en 1993 avec la caserne des pompiers Vitra, en Allemagne, qui inaugure une succession sans fin de projets. Des dizaines de constructions spectaculaires aux lignes audacieusement sinueuses, une célébration instinctive de la figure féminine. En véritable visionnaire qu'elle était, Zaha Hadid avait saisi le potentiel des images de synthèse, une ressource indispensable pour mêler de façon originale l'architecture, le paysage et la peinture abstraite, que l'usage de la technologie transformait en de puissantes constructions mais également en objets de design (de la pochette pour la maison Perrin aux canapés de Cassina, en passant par les tennis Superstar d'Adidas). Petites ou grandes, ses créations renfermaient toutes une touche inimitable d'originalité, d'extravagance. « Quelque chose de comparable à la sensation qu'on éprouve lorsqu'on visite un nouveau pays », expliquait-elle d'une voix rendue rauque par la cigarette, impeccable dans les onctueux drapés d'Issey Miyake, un de ses stylistes préférés. Elle n'a pas voulu de compagnon, ni d'enfants. Le travail était tout pour elle. « C'est mon choix. Sans compromis. J'aime les enfants, vraiment. Mais je n'aurais pas su faire les deux. »

Parmi ses projets les plus célèbres : l'opéra de Canton en Chine, l'Aquatics Centre de Londres réalisé à l'occasion des Jeux olympiques de 2012, le musée MAXXI de Rome et le tremplin de Bergisel en Austriche. Ici, devant le Riverside Museum de Glasgow, en Écosse.

Benazir Bhutto

Deux fois Première ministre du Pakistan, elle est la première femme du monde islamique à avoir pris la tête d'un gouvernement. Belle et rebelle, courageuse mais accusée de corruption, elle n'était pas dénuée de contradictions, tout comme son pays.

« Enfant, j'avais la conviction qu'une femme pouvait atteindre n'importe quel objectif. C'est vrai, mais elle doit être prête à en payer le prix. » Pour elle, ce fut le plus cher. À presque 54 ans elle fut assassinée alors qu'elle poursuivait le rêve de faire de son pays, le Pakistan, un état démocratique moderne. Telle une héroïne grecque, elle avait suivi le destin tracé pour elle par son père, Zulfikar Ali Bhutto, condamné à la pendaison par le gouvernement militaire qui l'avait destitué lors d'un coup d'État. Benazir qui n'avait alors que 26 ans, et se trouvait elle aussi en prison, ne le vit « que quelques instants le jour précédant son exécution, sans savoir qu'il allait mourir quelques heures plus tard », raconte-t-elle dans sa bouleversante autobiographie *Fille de l'Orient*. Bien que le Pakistan fût sa patrie, depuis qu'on l'avait envoyée étudier en Amérique puis au Royaume-Uni sa vie fut une succession d'allers et retours. « J'étais timide et réservée mais à Harvard j'ai découvert soudainement que les gens pouvaient dire ce qu'ils voulaient. Là-bas, la presse était libre d'attaquer le gouvernement. Je décidai ainsi de rentrer chez moi pour offrir à mon peuple cette liberté de choisir que je voyais autour de moi en Occident ». En 1988, Benazir Bhutto se présente aux élections et devient la première femme du monde musulman à la tête d'un gouvernement. Aimée de son peuple, 35 ans, belle, moderne, émancipée, elle constituait une menace sans précédent pour l'Islam et l'armée. Durant son mandat, elle fit beaucoup pour les femmes, encore dominées par le pouvoir économique des hommes dans une nation profondément conservatrice, et se consacra à leur émancipation à travers l'éducation et l'emploi.

Benazir Bhutto en 2007, quelques mois avant l'attentat qui lui coûta la vie. Mère de trois enfants, Bilawal, Aseefa et Bakhtawar, elle portait des vêtements traditionnels de soie colorée et l'immanquable voile blanc qui lui couvrait la tête, laissant apparaitre une beauté légèrement altérée par le temps et les préoccupations.

21 juin 1953, Karachi, Pakistan • 27 décembre 2007, Rawalpindi, Pakistan

192 18 octobre 2007. Après un long exil, Benazir Bhutto, depuis peu rentrée au Pakistan, se dirigeait sur le lieu de sa première apparition publique, entourée de dizaines de milliers de partisans qui l'acclamaient, lorsque deux fortes explosions frappèrent la foule, tuant 140 personnes mais épargnant la candidate.

193 Benazir Bhutto s'adresse à la foule à bord d'un train dans la province du Punjab, en novembre 1988. Quelques jours plus tard, elle remporte les élections et devient Première ministre. Accusée de fraude électorale, elle sera destituée en 1990. Durant le procès, le rôle de son mari Asif Zardari est toujours apparu très controversé. « Mister 10% » comme l'appelaient les Pakistanais, faisant allusion à des allégations de détournements des caisses de l'État.

Benazir Bhutto

En 1990 elle fut destituée de son mandat et accusée de corruption, plus ou moins établie, sur la base des mêmes charges qui mettront fin à son second mandat en 1996. Benazir passa les huit années suivantes en exil volontaire avec ses trois enfants, entre Dubaï et Londres. Les États-Unis obtinrent du gouvernement pakistanais la promesse de nouvelles élections, et l'autorisation de son retour au pays. Qu'elle accepta, consciente des risques encourus, « car elle était optimiste et désirait tenter sa chance », mais son retour se termina dans le sang quand un attentat la tua en plein cortège et fit des dizaines de victimes. Belle et courageuse, elle fut toujours dans la ligne de mire des fondamentalistes. À leurs yeux, cette féministe que l'exil avait rendue plus déterminée et libérale représentait un symbole de la démocratie, respectant la foi religieuse, certes, mais laïque. « Un bateau au port est en lieu sûr mais ce n'est pas pour cela que les bateaux ont été construits », voilà l'incitation à l'action que Benazir souhaitait donner, par son exemple, à toutes les femmes vivant dans l'oppression.

La foule entoure Benazir Bhutto, venue rendre visite à la famille d'une des victimes de l'attentat dont elle était sortie indemne en octobre 2007. Au mois de décembre de la même année, elle sera assassinée dans une nouvelle attaque, à la fin d'un meeting, touchée par deux projectiles tandis qu'elle se tenait debout à travers le toit ouvrant de sa jeep blindée pour saluer ses militants. L'auteur de l'attentat se fera exploser à proximité du véhicule, tuant vingt-cinq personnes.

Christiane Amanpour

Elle souhaitait devenir médecin mais ne fut pas admise à l'examen d'entrée. Elle devint alors la reporter de guerre la mieux payée d'Amérique. Après des années au front, elle raconte aujourd'hui la guerre depuis les studios TV car « quand on a un enfant, on a le devoir de rester en vie ».

Cette envoyée de haut calibre de la CNN a suivi la guerre du Golfe, les révolutions d'Europe de l'Est, les Balkans, la Somalie, l'ouragan Katrina ; elle a interviewé Ahmadinejad et Moubarak et raconté en temps réel d'importantes histoires, souvent extrêmes. Avec le désir de montrer au monde la réalité, mais également avec la peur de mourir, comme elle l'a confessé à plusieurs reprises. Née en Angleterre et élevée à Téhéran par un père musulman iranien et une mère catholique britannique (« Je suis une immigrée » comme elle précise souvent), petite elle rêvait de devenir docteur mais a fini par suivre des études de journalisme aux États-Unis. À la réflexion, deux professions qui ne sont pas si éloignées l'une de l'autre. « Un médecin des urgences ressemble à un reporter au front », comme elle l'a expliqué lors d'un interview, « ce n'est pas la même chose, bien sûr, eux, ils ont des vies entre leurs mains, mais nous, nous avons la vérité, la guerre et la paix ». Dans un milieu masculin comme celui du journalisme, être une femme ne l'a jamais handicapée. « J'ai pu accéder à des lieux interdits aux hommes. Et, au début, profiter de leur sous-estimation à mon égard », a-t-elle déclaré. Elle a su s'imposer pour devenir le journaliste le mieux payé d'Amérique et figurer parmi les 100 femmes les plus influentes du monde, selon la revue *Forbes*. Elle a toujours su se frayer un chemin dans la compétition qui l'a opposée à ses collègues, sans jamais perdre une once de féminité, sûre de sa propre intelligence et de sa crédibilité, au point de maintenir intacte son autorité, y compris lorsqu'elle parle de sa prédilection pour les tailleurs Tom Ford (« pas pour le terrain, bien sûr, mais en studio et pour interviewer les chefs d'État ») et ses bottillons Tod's, ses porte-bonheur, qu'elle ne quitte plus depuis la guerre de Bosnie.

Durant sa carrière, Christiane Amanpour a reçu de nombreux prix. Depuis octobre 2010, elle fait partie de l'Académie américaine des arts et des sciences. Elle a également été nommée Commandant de l'Ordre de l'Empire britannique par la reine Élisabeth pour sa « contribution hautement distinguée et novatrice » dans le domaine du journalisme. En 1998, la ville de Sarajevo l'a nommée citoyenne d'honneur pour sa couverture du conflit bosniaque.

12 janvier 1958, Londres, Royaume-Uni

Diana Spencer

1er juillet 1961, Sandringham, Royaume-Uni • 31 août 1997, Paris, France

Tout aussi à l'aise en couverture de *Vogue* qu'au milieu des champs de mines en Angola, l'*England's rose* a ébranlé la monarchie britannique et enchanté le monde, avant de mourir, trop jeune, dans un accident causé par son encombrante popularité.

Pour toutes les jeunes filles, le mariage est le plus beau jour de la vie. Qui sait si Diana Spencer pensait la même chose au moment de pénétrer dans la cathédrale Saint Paul pour épouser l'héritier au trône du Royaume-Uni ? Enveloppée du nuage de soie blanche d'une robe qui devient d'emblée le rêve de toute mariée, cette jeune femme farouche de vingt ans au sourire indécis ne peut imaginer ce qui l'attend. Pour l'accueillir, une cérémonie rigide et désuète, un mari glacial et une reine hostile. Dehors les médias l'attendent, sans cesse aux aguets, prêts à passer sa vie au peigne fin et à la mettre en première page. D'un jour à l'autre elle devient Lady D, la femme la plus célèbre et la plus photographiée au monde ; celle qui danse avec John Travolta à la Maison blanche et se confie à Elton John ; une femme trompée aussi, qui à la télévision parle sans réticence de son couple en crise, partageant l'opinion entre ceux qui admirent sa franchise et ceux qui l'accusent de laver le linge sale de la famille royale dans la presse. Avec le temps, elle acquiert beauté et glamour, sans perdre la spontanéité qui fait d'elle une mère affectueuse, s'appliquant toujours à montrer la réalité du monde à ses enfants. « Je veux que mes enfants apprennent à comprendre les émotions des gens, leurs incertitudes et préoccupations, leurs espoirs et leurs rêves » confia-t-elle durant un interview, en expliquant qu'elle ne souhaitait pas porter de gants durant les rencontres officielles afin d'établir un contact avec les personnes auxquelles elle serrait la main, sans se préoccuper du protocole. Ce sont de petits gestes comme celui-ci qui lui ont permis, peut-être sans le vouloir, de rénover l'image d'une monarchie vieillotte, et de conserver, même après son divorce, son titre de « princesse du peuple », comme la rebaptisa Tony Blair. Sa vie privée est ponctuée d'amourettes tandis que son image publique devient celle d'une activiste inlassable, qu'on aperçoit en Bosnie

Gauche et mal à l'aise pendant ses premières années de mariage, Diana devint par la suite une icône de style, notamment grâce au soutien des plus grands stylistes de l'époque, comme son ami Gianni Versace qui l'aida à mettre sa féminité en valeur. À gauche, Diana photographiée par Gemma Levine, le 27 septembre 1994.

dans les champs de mines ; en Inde pour parler de la lutte contre la pauvreté ; en Afrique pour dénoncer l'avancée du sida. En 1992 elle rencontre pour la première fois Mère Teresa et épouse sa cause, se faisant photographier avec des malades de la lèpre, les touchant et les confortant comme elle l'avait fait avec les malades du sida, pour dire au monde de ne pas en avoir peur. Mère Teresa dira d'elle : « Je n'accueille pas une princesse mais une jeune femme en difficultés, désireuse d'œuvrer pour l'humanité et de renforcer sa foi ». Le soir où le tunnel de l'Alma engloutit la vie de Diana et de son compagnon Dodi Al-Fayed, le monde entier s'arrête, et devant la résidence de Kensington Palace se dessine alors un vaste champs de fleurs, baigné des larmes d'une foule en émoi, en proie à une profonde tristesse.

200 Diana et Charles à la sortie de la cathédrale Saint Paul, à Londres, le jour de leur mariage, le 29 juillet 1981. Elle porte une robe de taffetas de soie, signée David et Élisabeth Emanuel, ornée de dentelle ancienne et d'une traîne de presque huit mètres. La cérémonie, retransmise dans le monde entier, est suivie par 800 millions de téléspectateurs.

201 La princesse de Galles et ses fils, William et Harry, passent en carrosse devant la foule à Londres durant le défilé du *Trooping the Colour*, le 17 juin 1989. « C'était notre mère et elle l'est toujours. Elle a été pour nous la meilleure maman du monde. Elle nous a submergés d'amour », ont déclaré les deux princes durant un touchant interview accordé à la BBC à l'occasion du vingtième anniversaire de la mort de Diana.

202 et 202-203 Diana en Angola en janvier 1997. Le pays, anéanti par vint ans de guerre civile, était parsemé de millions de mines antipersonnel et Diana s'engagea à soutenir l'assainissement du territoire, comme elle l'avait fait en Bosnie. Elle ne se limita pas à poser pour les photos, mais fit l'expérience du drame sur le terrain en marchant en file indienne avec les démineurs dans les champs partiellement nettoyés et en rencontrant les victimes des explosions. Elle avait déclaré au sujet de son engagement humanitaire : « Je ne me vois pas reine de ce pays. J'aimerais être reine dans le cœur des gens. »

THE
HALO
TRUST

Samantha Cristoforetti

Un caractère d'acier, des nerfs de titane et un cœur high-tech. Avec son *@AstroSamantha*, elle a partagé avec le monde entier son aventure dans l'espace. Du haut de son 1,65 mètre, le minimum standard, elle avait pourtant failli être refusée lors de la visite médicale d'entrée à l'Agence spatiale européenne.

Deux vies ne suffiraient à composer un curriculum comme le sien. Diplômée en ingénierie aérospatiale à l'université technique de Munich, puis en aéronautique à Naples, elle s'est par la suite spécialisée en *Euro-Nato Joint Jet Pilot Training* au Texas. Elle est habilitée à piloter différents types d'avions. Elle parle italien mais également allemand, français, anglais et russe. Elle est chevalier de la Grand-croix et Commandeur de la République italienne. Elle détient, en outre, un record très personnel qui, selon les sondages, fait d'elle le modèle féminin idéal pour la plupart des jeunes italiennes. Qu'elle préfère minimiser en spécifiant qu' « un astronaute n'a rien d'un génie, il s'adapte partout et sait faire un peu tout ». Modeste mais franche lorsqu'en 2009, au moment de son admission dans l'équipage de l'Agence Spatiale Européenne - choisie parmi les six meilleurs candidats sélectionnés sur 8500 aspirants astronautes - elle avait cloué le bec à celui qui lui demandait quel poids cela représentait d'être une femme dans un monde si masculin : « Pour moi, il n'y a pas de différences entre les hommes et les femmes. Actuellement, je suis lieutenant, bientôt je deviendrai l'astronaute Cristoforetti. La seule différence se situe entre ceux qui sont compétents et ceux qui ne le sont pas ».

Très réservée sur sa vie privée, Samantha Cristoforetti est devenue maman d'une petite fille, Kelsey Amal, en novembre 2016. Ici, pendant la préparation de la mission spatiale au Centre d'entraînement des cosmonautes Gagarin à la Cité des étoiles, non loin de Moscou, en décembre 2013.

26 avril 1977, Milan, Italie

РОССИЯ
S. CRISTOFORETTI
С. КРИСТОФОРЕТТИ

Cinq ans plus tard, le 23 novembre 2014, elle montait à bord d'un Soyouz en direction de la Station spatiale internationale et saluait la Terre avec la même tranquillité et désinvolture que si elle avait été dans son salon. Durant ces 199 jours dans l'espace, elle fut constamment en contact avec le monde à travers les réseaux sociaux, accordant des interviews, twittant des photos et des nouvelles suivies par une foule de followers, et conquérant une immense popularité non seulement grâce à son courage et à sa compétence professionnelle mais également à sa sympathique ingéniosité, toujours accompagnée d'une certaine réserve. Dès son retour de mission, après avoir parcouru 130 millions de kilomètres dans le cosmos, elle mit fin à la communication pour reprendre sa vie personnelle, dont elle est parfois sortie, notamment lorsqu'elle voulut préciser : « je ne suis pas et ne veux pas être une célébrité. Ce n'est pas le métier d'un astronaute que d'être célèbre, nous communiquons uniquement ce que nous faisons et l'expérience que nous avons la chance de vivre ».

Après 199 jours dans l'espace, Samantha Cristoforetti et le commandant russe Anton Chkaplerov atterrissent au Kazakhstan, le 11 juin 2015. Ils portent tous deux la Sokol (littéralement « faucon »), la combinaison russe blanche et bleue utilisée par les astronautes durant les phases les plus délicates, au départ et au retour des missions.

РОССИЯ
Wet Ones
С. КРИСТОФОРЕТТИ
esa
РОССИЯ

Misty Copeland

Petite elle n'avait pas de maison. Aujourd'hui elle est danseuse étoile de l'*American Ballet Theatre* de New York. Un véritable cygne noir qui a gagné la bataille contre la pauvreté et les préjugés, faisant tomber les barrières à coups de sourires et de pirouettes.

Personne ne pourrait imaginer, en la voyant virevolter aujourd'hui sur la scène des théâtres de la moitié du monde, que cette étoile de la danse a grandi dans une famille extrêmement pauvre du Missouri, partageant des chambres d'hôtel avec sa mère et ses cinq frères. Plus surprenant encore, elle a découvert la danse classique à 13 ans, un âge hors norme pour cette discipline. Le talent, lui, était bel et bien présent, de même qu'une extraordinaire force de volonté. Au bout de trois mois, Misty se retrouve des pointes aux pieds et beaucoup, à commencer par sa professeure de danse, voient en elle un talent à encourager auquel ils offrent tenues et cours de danse. « Lorsque je me suis retrouvée avec l'équipement nécessaire et des miroirs autour de moi, j'ai éprouvé une émotion immense. Je n'avais jamais rien ressenti de la sorte. » Trois ans plus tard les récompenses tombent, puis arrive le rôle de *L'oiseau de feu* dans le ballet du même nom, du chorégraphe russe Alexei Ratmansky. Le soir de la première au *Metropolitan Opera House* de New York, Misty comprend que quelque chose d'important est en train de se produire : « je n'avais jamais vu un public composé à 50% d'afro-américains. J'étais impressionnée par le nombre de personnes venues manifester leur soutien à ce que je représentais ». Grâce à une bourse d'étude, elle commence à 17 ans son parcours à l'*American Ballet Theatre* en tant qu'élève puis brûle les étapes, en entrant dans le corps de ballet pour devenir en 2015 première danseuse.

L'histoire de Misty Copeland est aussi belle qu'un conte de fée. Elle la raconte dans son autobiographie *Une vie en mouvement. Une danseuse étoile inattendue*, un best-seller bientôt porté au grand écran à Hollywood. On a beaucoup parlé de son physique « curvy », tout en courbes, bien loin de la personne qu'elle est réellement. Mesurant 1,58 m, Misty Copeland est menue, élancée et tonique, une athlète faite pour la danse, pourvue d'épaules larges et d'une poitrine généreuse. Elle danse ici à Washington, le 7 décembre 2014, au *John F. Kennedy Center for Performing Arts*.

10 septembre 1982, Kansas City, Missouri, États-Unis

Les résultats ne se sont pas fait attendre. Misty a su abattre une à une les barrières raciales, défiant les préjugés (« Les gens sont tellement habitués à un certain type de danseuse pour des rôles précis qu'il est incroyable de pouvoir devenir un cygne à la peau brune », a-t-elle confié dans un interview à la BBC), mais également les canons esthétiques les plus coriaces qui voyaient aux premiers rangs les seules danseuses éthérées à la peau « pomme pelée » et à la limite de l'anorexie, selon des critères imposés au siècle dernier par George Balanchine. Certes, les temps changent mais Misty demeure une exception. « Je n'étais pas du tout préparée à être la seule danseuse afro-américaine de l'*American Ballet Theatre* des vingt dernières années », a-t-elle déclaré durant une émission télévisée. « Constater qu'il y a très peu de personnes de couleur dans les plus grandes compagnies de danse a été le plus grand choc que j'ai dû affronter au cours de ma carrière. Je pense qu'il faut plus de diversité partout, dans le public, sur les planches, à la direction, et que les nouvelles générations doivent être sollicitées dans ce sens. » Pour sa part elle y a contribué, notamment avec la publicité d'une marque de vêtements sportifs. Le spot, *I will what I want* (Je serai ce que je veux), la montre durant les répétitions, accompagnée d'une voix d'enfant lisant la lettre de refus d'admission d'une académie de danse qu'elle avait reçue petite. Une vidéo devenue virale, visualisée des millions de fois. Barack Obama et Beyoncé l'ont qualifiée de modèle dont s'inspirer et d'après *Time* elle figure parmi les cent personnes les plus influentes du monde. Misty est devenu l'incarnation d'un rêve mais aussi l'idole d'une jeunesse afro-américaine en quête de modèles dans une société encore trop blanche.

La nouvelle Barbie a le visage et le corps de Misty, y compris le costume rouge qu'elle portait dans son premier rôle principal dans *L'oiseau de feu*. La poupée fait partie de la collection *Sheroes*, où on retrouve également les personnages d'Ave DuVernay, Zendaya et Emmy Rossum. Ici, durant le ballet de *Don Quichotte* au *Metropolitan Opera House* de New York, le 16 mai 2017.

M RCURY
6
TRANSOCEAN 4
ppy
en Osse

Laura Dekker

Une sacrée fille ! Armée de courage et de persévérance, cette adolescente qui a la mer dans le sang est la plus jeune navigatrice à avoir réalisé un tour du monde à la voile en solitaire.

Laura a littéralement vu le jour dans un bateau. Précisément dans le port de Whangarei, en Nouvelle-Zélande, lorsque ses parents, navigateurs chevronnés, voyageaient entre l'Océan indien et le Pacifique. Mettant rarement le pied au sol, Laura a passé les quatre premières années de sa vie en mer, avant de s'installer sur la terre ferme en Hollande. Mais l'appel de la mer n'a pas tardé à se faire sentir. À six ans, elle demande en cadeau d'anniversaire son premier bateau, un Optimist, et apprend à se débrouiller seule parmi les cordes, les nœuds et quelques dessalages. Elle reçoit plus tard un nouveau jouet, plus grand, avec deux arbres, long de 11,5 mètres, qu'elle baptise *Guppy*. C'est à bord de ce voilier qu'à seize ans Laura a couronné son rêve et établi un record époustouflant pour son âge, en réalisant le tour du monde en solitaire. Pour y arriver, elle a lutté contre des vagues dix fois plus hautes qu'elle et affronté les vents contraires, mais surtout les complications imposées par la bureaucratie. Malgré le soutien total de ses parents, les services sociaux hollandais se sont déclarés contraires au projet, estimant qu'à cet âge un enfant doit aller à l'école et non seul en mer à bord d'un voilier. Courageuse, Laura est aussi du type coriace et, après une bataille légale exténuante, elle a enfin pu lever l'ancre depuis Gibraltar, le 21 août 2010, parcourant 27 000 milles en 518 jours. Toujours seule, dans n'importe quelles conditions et sous toutes les latitudes. Seule exception, pour des raisons de sécurité la navigation a été fractionnée en plusieurs étapes. Une aventure qu'elle a documentée caméra à l'appui, se filmant durant ses escales aux îles Galápagos, en Australie et en Afrique du sud, tandis qu'elle se prépare à manger (commentant d'un clin d'œil « les raviolis ne sont pas adaptés en mer agitée »), répare le bateau et observe les dauphins qui l'accompagnent et comblent sa solitude.

20 septembre 1995, Whangarei District, Nouvelle-Zélande

Laura à bord de *Guppy*, son bateau à voile. Après son tour du monde, elle a poursuivi son voyage et s'est basée en Nouvelle-Zélande. En 2017 son bateau a été offert à LifeSail, une organisation à but non lucratif de Los Angeles.

214 Laura quitte le port de Den Osse, en Hollande, le 4 août 2010. La première partie de son voyage, avec son père à bord, a permis de tester le bateau en naviguant jusqu'au Portugal. Son tour du monde, vers l'Ouest, a débuté officiellement à Gibraltar, le 21 août 2010.

215 Conformément aux obligations scolaires, un institut spécialisé en éducation à distance, le Wereldschool, a envoyé à la jeune navigatrice le matériel nécessaire pour étudier en toute autonomie, mais Laura n'a pas réussi à obtenir son baccalauréat. Elle a été acceptée par la suite, après une série de tests, dans une université néo-zélandaise.

Le 21 janvier 2012, la jeune navigatrice, âgée de 16 ans, quatre mois et un jour, a conclu sa longue traversée en atteignant le port de l'île de Saint-Martin dans les Caraïbes. Le Guinness des records, tout comme le *World Sailing Speed Record Council*, n'ont pas accepté de reconnaître un tel exploit (« Pour nous c'est la vitesse qui importe, pas l'âge des concurrents »). Seuls de vrais loups de mer comme l'*Ocean Cruising Club*, une organisation internationale de traversée océanique, ont récompensé la prouesse de Laura avec le prix du mérite, « pour son courage et sa détermination en faisant une fois et demi le tour du monde, par simple amour de la voile ».

puissantes. Un enfant, un professeur, un stylo et un livre peuvent changer le monde ». Tandis qu'elle parlait, Malala savait très bien que les talibans avaient juré vengeance mais elle a toujours déclaré ne plus avoir aucune peur car « lorsqu'ils m'ont tiré dessus, la peur est morte, tout comme l'absence d'espoir ».

Malala Yousafzai, l'activiste pakistanaise, prix Nobel de la paix en 2014, rêvait depuis toujours de fréquenter l'université d'Oxford. Au mois d'août 2017 elle fut admise à la faculté britannique, où elle étudie les sciences politiques et l'économie. Ici, le 3 septembre 2013, jour de l'inauguration de la nouvelle bibliothèque de Birmingham, au Royaume-Uni,

12 juillet 1997, Mingora, Pakistan

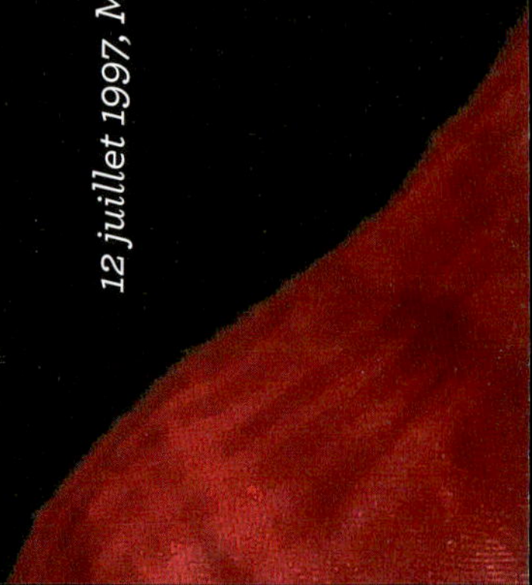

218 et 219 L'attentat contre Malala a suscité dans le monde scandale et révolte. Sur ces photos prises à Islamabad et à Lahore, les manifestants pakistanais scandent des slogans de protestation en réaction à l'atrocité du geste commis par les talibans, le 9 octobre 2012. Malala était alors âgée de 15 ans et fut touchée par une balle au moment où elle descendait d'un bus scolaire à Mingora, dans la vallée de Swat, en représailles de sa campagne pour le droit à l'éducation. Touchée au cerveau et au cou par deux projectiles, elle fut miraculeusement sauvée et transférée à l'hôpital de Birmingham, au Royaume-Uni, qui s'offrit de la soigner gratuitement.

Et d'ajouter « de ce coup de feu sont nés force et courage. Leur balle ne me réduira pas au silence. » Selon elle, les rôles se sont inversés, désormais ce sont les talibans qui ont peur d'elle : « ils craignent le pouvoir de l'instruction, ils craignent le pouvoir des femmes. C'est pour cela qu'ils tuent, parce qu'ils ont peur ». Son courage a été récompensé par le prix Nobel de la paix en 2014. Âgée de 17 ans à l'époque, Malala fut la plus jeune de l'Histoire à remporter cette prestigieuse distinction. Depuis, elle a été nommée Messagère de la paix pour l'Onu avec le rôle de promouvoir l'éducation des filles. Un an après, elle célébrait dans le cadre de sa fondation son dix-huitième anniversaire avec l'ouverture d'une école pour réfugiés syriens au Liban, en rappelant une fois encore les priorités essentielles à la construction d'un monde meilleur : « je demande aux leaders du monde entier d'investir dans des livres, non dans des munitions ». Au lieu de la faire disparaître, les talibans en ont fait une star internationale, la meilleure façon de montrer au monde leur barbarie. Dans le langage des réseaux sociaux on appelle cela un *epic fail*, autrement dit un cuisant échec.

Malala Yousafzai prononce son discours durant la cérémonie de remise du Nobel pour la paix à Oslo, le 10 décembre 2014. Elle avait 17 ans et demeure la plus jeune à avoir reçu cette récompense, en même temps que l'activiste indien Kailash Satyarthi, âgé à l'époque d'une soixantaine d'année, pour sa bataille contre l'esclavage et le travail des enfants.

L'auteur

Italienne d'origine anglaise, **Chiara Pasqualetti Johnson**, vit et travaille à Milan. Diplômée en Histoire de l'art, elle a fait de sa passion pour l'écriture son métier. Journaliste, elle raconte la vie des artistes de notre époque dans les pages de la revue *Arte* et se prête à la critique des parutions du moment dans *Antiquariato*. Spécialisée en style de vie, voyages et art, elle vagabonde aux quatre coins du monde pour le magazine italien *Dove*. Elle a suivi la publication de plusieurs ouvrages et collections éditoriales consacrés à l'histoire de l'art moderne et contemporain.

Crédits Photographiques

Pages 10-11 Granger Historical Picture Archive/Alamy Stock Photo
Page 12 George Rinhart/Corbis/Getty Images
Page 13 Trinity Mirror/Mirrorpix/Alamy Stock Photo
Page 14 CORBIS/Corbis/Getty Images
Page 15 Robert Sennecke/ullstein bild/Getty Images
Pages 16-17 World History Archive/Alamy Stock Photo
Page 18 WorldPhotos/Alamy Stock Photo
Page 19 INTERFOTO/Alamy Stock Photo/IPA
Page 20 Alexandra David-Neel © Ville de Digne-les-Bains
Pages 22-23 Alexandra David-Neel © Ville de Digne-les-Bains
Page 23 Alexandra David-Neel © Ville de Digne-les-Bains
Page 24 ullstein bild/ullstein bild/Getty Images
Page 26 Popperfoto/Getty Images
Page 27 Kurt Hutton/Picture Post/Getty Images
Page 28 American Stock/Getty Images
Page 30 The LIFE Picture Collection/Getty Images
Pages 30-31 Carl Mydans/The LIFE Picture Collection/Getty Images
Page 32 Bettmann/Getty Images
Page 34 KEYSTONE Pictures USA/ZUMAPRESS.com/Alamy Live News/Alamy Stock Photo
Page 36 IanDagnall Computing/Alamy Stock Photo/IPA
Page 38 Lipnitzki/Roger Viollet/Getty Images
Page 41 Lipnitzki/Roger Viollet/Getty Images
Page 42 ullstein bild/ullstein bild/Getty Images
Page 44 Popperfoto/Getty Images
Pages 46-47 Barbara Morgan/Getty Images
Page 48 Bettmann/Getty Images
Page 49 Jack Mitchell/Getty Images
Page 50 Bettmann/Getty Images
Pages 52-53 Bettmann/Getty Images
Page 54 ullstein bild/ullstein bild/Getty Images
Page 55 Underwood Archives/Getty Images
Page 56-57 KEYSTONE-FRANCE/Gamma-Rapho/Getty Images
Page 58 Carlo Bavagnoli/The LIFE Picture Collection/Getty Images
Page 60 Keystone Features/Getty Images
Page 61 ullstein bild/ullstein bild/Getty Images
Page 62 Imagno/Getty Images
Page 64 ullstein bild/ullstein bild/Getty Images
Page 66 Bettmann/Getty Images
Page 67 Photo 12/Alamy Stock Photo/IPA
Page 68 Arnold Newman/Getty Images
Page 70 Francesco Scavullo/Condé Nast/Getty Images
Page 71 Jack Robinson/Hulton Archive/Getty Images
Page 72 Oscar Graubner/The LIFE Images Collection/Getty Images
Page 74 Alfred Eisenstaedt/The LIFE Picture Collection/Getty Images
Page 75 Time Imc/The LIFE Images Picture Collection/Getty Images
Page 76 Margaret Bourke-White/The LIFE Picture Collection/Getty Images
Page 77 Margaret Bourke-White/The LIFE Picture Collection/Getty Images
Page 78 Granger Historical Picture Archive/Alamy Stock Photo
Page 80 Hulton Archive/Getty Images
Page 82 George Hoyningen-Huene/Condé Nast/Getty Images
Page 83 George Hoyningen-Huene/Conde Nast/Getty Images
Pages 84-85 Keystone-France/Gamma-Keystone/Getty Images
Page 85 Georges Menager/Paris Match/Getty Images
Page 86 Granger Historical Picture Archive/Alamy Stock Photo
Page 88 Bettmann/Getty Images
Page 89 Granger Historical Picture Archive/Alamy Stock Photo
Page 90 Alfred Eisenstaedt/The LIFE Picture Collection/Getty Images
Page 92 Alfred Eisenstaedt/The LIFE Picture Collection/Getty Images
Page 93 Alfred Eisenstaedt/The LIFE Picture Collection/Getty Images
Page 94 Michel Artault/Apis/Sygma/Sygma/Getty Images
Page 96-97 Jacques Pavlovsky/Sygma/Getty Images
Page 98 Mondadori Portfolio/Getty Images
Page 100 Anders Tukler/Alamy Stock Photo/IPA
Page 102 Jean-Claude FRANCOLON/Gamma-Rapho/Getty Images
Page 103 Jean-Claude FRANCOLON/Gamma-Rapho/Getty Images
Page 104 Bettmann/Getty Images
Page 106 Don Cravens/The LIFE Images Collection/Getty Images
Page 107 Underwood Archives/Getty Images
Page 108 Bettmann/Getty Images
Page 110 REPORTERS ASSOCIES/Gamma-Rapho/Getty Images
Page 111 Raghu Rai/The India Today Group/Getty Images
Page 112 Bettmann/Getty Images
Page 114 ullstein bild/ullstein bild/Getty Images
Page 115 Hulton Archive/Getty Images
Page 116 Universal History Archive/UIG/Getty Images
Page 118 Granger Historical Picture Archive/Alamy Stock Photo

Page 120 Central Press/Getty Images
Page 121 Bettmann/Getty Images
Page 122 Keystone-France/Gamma-Rapho/Getty Images
Page 124 Keystone/Getty Images
Page 125 Central Press/Hulton Archive/Getty Images
Page 126-127 DOMINIC LIPINSKI/AFP/Getty Images
Page 128 Chris Jackson/Getty Images
Page 129 Anwar Hussein/WireImage/Getty Images
Page 130 BOTTI/Gamma-Keystone/Getty Images
Page 132 Frans Dupont/Anne Frank-Fonds Basel/Getty Images
Page 134 Anne Frank Fonds - Basel/Getty Images
Page 135 Anne Frank Fonds - Basel/Getty Images
Pages 136-137 Anne Frank Fonds - Basel/Getty Images
Page 137 Anne Frank Fonds - Basel/Getty Images
Page 138 Sharland/The LIFE Images Collection/Getty Images
Page 140 Sunset Boulevard/Corbis/Getty Images
Page 141 Michael Ochs Archives/Getty Images
Page 142 AF archive/Alamy Stock Photo
Page 143 Bettmann/Getty Images
Page 144 Bettmann/Getty Images
Page 146 George Karger/Pix Inc./The LIFE Images Collection/Getty Images
Page 147 Douglas Kirkland/Corbis/Getty Images
Page 148 Peter Charlesworth/LightRocket/Getty Images
Page 149 Peter Charlesworth/LightRocket/Getty Images
Pages 150-151 Bettmann/Getty Images
Pages 152-153 Glasshouse Images/Alamy Stock Photo
Page 153 Phillip Harrington/Alamy Stock Photo/IPA
Page 154 PIGISTE/AFP/Getty Images
Pages 154-155 Hulton Archive/Getty Images
Page 156 Henri Bureau/Corbis/VCG/Getty Images
Page 157 Bettmann/Getty Images
Page 159 Peter G. Veit/National Geographic Creative
Page 160 Terry Smith/The LIFE Images Collection/Getty Images
Page 162 Ronald Dumont/Getty Images
Page 163 Evening Standard/Getty Images
Pages 164-165 Keystone-France/Gamma-Keystone/Getty Images
Page 166 TASS/Getty Images
Page 167 KEYSTONE-FRANCE/Gamma-Rapho/Getty Images
Pages 168-169 Wendy Stone/Corbis/Getty Images
Page 170 Micheline Pelletier/Corbis/Getty Images
Page 171 SIMON MAINA/AFP/Getty Images
Page 172 Michael Ochs Archives/Getty Images
Page 174 Charles Shaw/Getty Images
Page 175 Bettmann/Getty Images
Pages 176-177 Jeff Kravitz/FilmMagic/Getty Images
Page 178 Fred Kaplan/Sports Illustrated/Getty Images
Page 180 Janet Knott/The Boston Globe/Getty Images
Pages 180-181 Janet Knott/The Boston Globe/Getty Images
Page 182 Bentley Archive/Popperfoto/Getty Images
Page 184 Ed Lacey/Popperfoto/Getty Images
Page 185 NY Daily News/Getty Images
Pages 186-187 Christopher Pillitz/Getty Images
Pages 188-189 drew farrell/Alamy Stock Photo
Page 190 Bandeep Singh/The India Today Group/Getty Images
Page 192 Daniel Berehulak/Getty Images
Page 193 Robert Nickelsberg/The LIFE Images Collection/Getty Images
Pages 194-195 Adam Ferguson/Bloomberg/Getty Images
Page 197 Nick Laham/Getty Images
Page 198 Gemma Levine/Hulton Archive/Getty Images
Page 200 Fox Photos/Hulton Archive/Getty Images
Page 201 Georges De Keerle/Getty Images
Page 202 Tim Graham/Getty Images
Pages 202-203 Tim Graham/Getty Images
Pages 204-205 AFP/Getty Images
Pages 206-207 IVAN SEKRETAREV/AFP/Getty Images
Page 209 Kevin Mazur/WireImage/Getty Images
Pages 210-211 Hiroyuki Ito/Getty Images
Page 212 MARCO DE SWART/AFP/Getty Images
Page 214 BRAM VAN DER BIEZEN/AFP/Getty Images
Page 215 MARCEL ANTONISSE/AFP/Getty Images
Pages 216-217 Christopher Furlong/Getty Images
Page 218 AAMIR QURESHI/AFP/Getty Images
Page 219 Arif Ali/AFP/Getty Images
Page 220-221 ODD ANDERSEN/AFP/Getty Images

Couverture - De haut à gauche : Granger Historical Picture Archive/Alamy Stock Photo, Mondadori Portfolio/Getty Images, Anders Tukler/Alamy Stock Photo/IPA, Lipnitzki/Roger Viollet/Getty Images, Frans Dupont/Anne Frank-Fonds Basel/Getty Images, MARCO DE SWART/AFP/Getty Images, Bettmann/Getty Images, Wendy Stone/Corbis/Getty Images, Oscar Graubner/The LIFE Images Collection/Getty Images, Bandeep Singh/The India Today Group/Getty Images, Granger Historical Picture Archive/Alamy Stock Photo, Christopher Furlong/Getty Images, Terry Smith/The LIFE Images Collection/Getty Images, Sharland/The LIFE Images Collection/Getty Images, ullstein bild/ullstein bild/Getty Images, Arnold Newman/Getty Images, Bettmann/Getty Images, Keystone-France/Gamma-Keystone/Getty Images, American Stock/Getty Images, Fred Kaplan/Sports Illustrated/Getty Images, Imagno/Getty Images, Michael Ochs Archives/Getty Images, Barbara Morgan/Getty Images, Carlo Bavagnoli/The LIFE Picture Collection/Getty Images, Keystone-France/Gamma-Rapho/Getty Images

Quatrième de couverture - De haut à gauche : BOTTI/Gamma-Keystone/Getty Images, Bettmann/Getty Images, AFP/Getty Images, ullstein bild/ullstein bild/Getty Images, Christopher Pillitz/Getty Images, World History Archive/Alamy Stock Photo, Nick Laham/Getty Images, Bentley Archive/Popperfoto/Getty Images, Granger Historical Picture Archive/Alamy Stock Photo, KEYSTONE-FRANCE/Gamma-Rapho/Getty Images, Peter G. Veit/National Geographic Creative, Alfred Eisenstaedt/The LIFE Picture Collection/Getty Images, Bettmann/Getty Images, Bettmann/Getty Images, Hulton Archive/Getty Images, Michel Artault/Apis/Sygma/Sygma/Getty Images, ullstein bild/ullstein bild/Getty Images, IanDagnall Computing/Alamy Stock Photo/IPA, Alexandra David-Neel © Ville de Digne-les-Bains, Gemma Levine/Hulton Archive/Getty Images, Bettmann/Getty Images, Granger Historical Picture Archive/Alamy Stock Photo, Kevin Mazur/WireImage/Getty Images, Bettmann/Getty Images, Universal History Archive/UIG/Getty Images

L'imprévu

72 rue de Rochechouart 75009 Paris

EDITIONS WHITE STAR

Piazzale Luigi Cadorna, 6 - 20123 Milan, Italie
www.whitestar.it

Traduction : Emmanuelle Peras

ISBN : 979-10-295-0950-6
Dépôt légal : septembre 2021
1 2 3 4 5 6 25 24 23 22 21

Imprimé en Ukraine